森崎ウィン

30th メモリアルブック

- Partner -

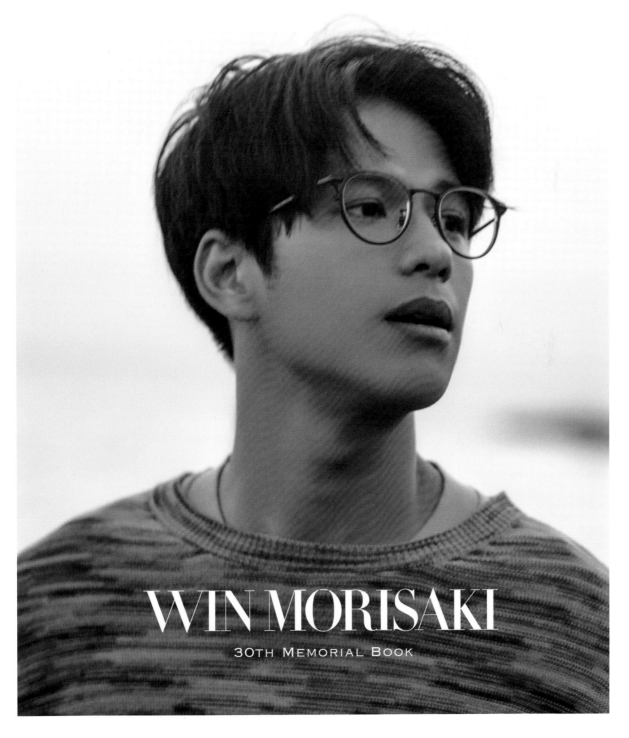

WIN MORISAKI

30TH MEMORIAL BOOK

JN094308

CONTENTS

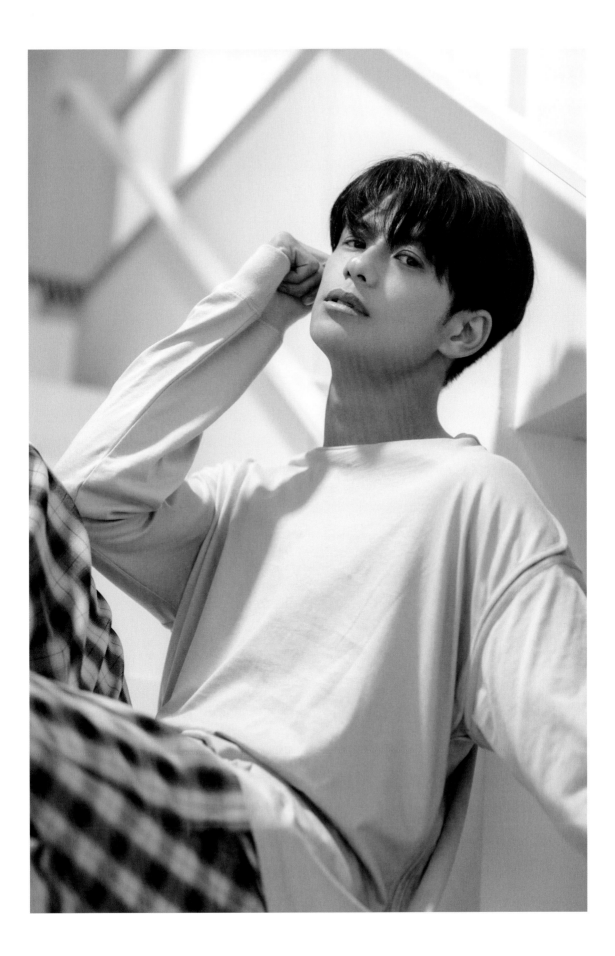

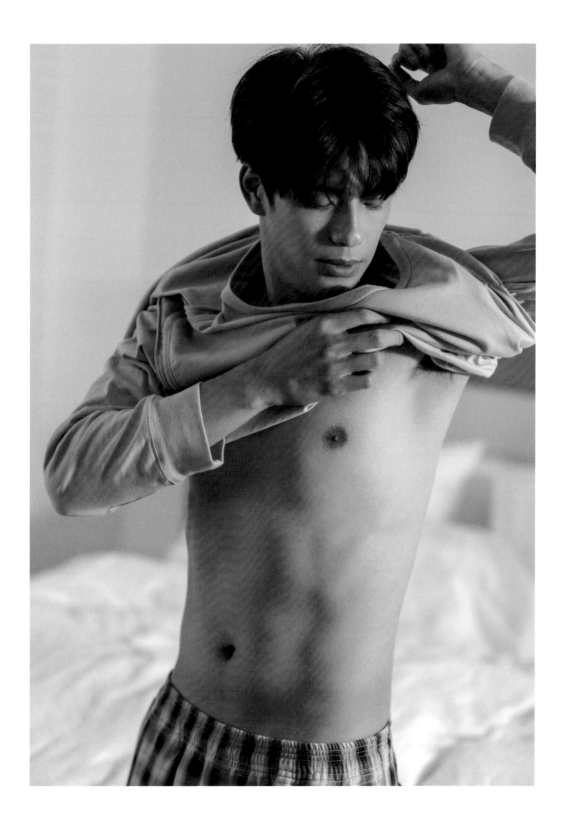

真剣。

ダンス・ダンス・ダンス

WIN MORISAKI

OFF SHOT! SELECTION

ハ

（笑）

森崎ウィンはいつどんなときでもその場の中心となって、笑顔の絶えない空気を作ってくれる。楽しかった撮影中のオフショットをチラ見せ！

PURE
LOVE

いただきますー

Win's HISTORY

1990年(0歳)

8月20日月曜日　午前7時
ミャンマー・ヤンゴンで生まれる

▶ 生まれてすぐに近所のみんなから大人気に！
この時点ですでにスター性を発揮。

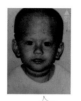

> ちっちゃいけど
> 面影あるな〜

1991〜1994年(1〜4歳)

▶ 前髪は常にぱっつんだった。カット方法は、おばあちゃんが
頭に桶をのせ、はみ出てる部分だけを切る斬新さ。
▶ 可愛すぎて、近所の人たちに連れ去られたりしたことも。
▶ お気に入りの遊び場は、スーパーに
あるアスレチックやボールプール。
▶ 好きなアニメは『トムとジェリー』。
▶ 日本から送ってもらったファミコンにハマる。
スーパーマリオはルイージ派。
▶ 4歳のときに住んでいた家の1階が
火事で燃えて大惨事に。

> 自分で言うのもなんだけど
> 可愛い顔してるよね♡

1995年〜1999年
(5〜9歳)

ミャンマーでの小学生時代

▶ 先生が異様に厳しく、字が下手だったので
よく定規で叩かれた。
▶ 校内にある購買でミルクのアイスを買うのが
夢だったが、おばあちゃんからダメと言われ夢叶わず。
▶ 小学校はお弁当で、好きなおかずは牛肉を煮込んだカレー。
▶ おばあちゃんの塾のシステムで、クリストファーという
英語の名前をつけられた。周りからはクリスと呼ばれてた。
▶ 絶対行くなと言われていたゲーセンに嘘をついて遊びに行ったら、
すぐにバレて怒られた。

2000年(10〜12歳)

> THEサッカー少年って感じ

日本での小学生時代

▶ 小学校4年生でミャンマーから日本へ。
日本の最初の印象は「寒っ!」「明るっ!」
▶ 日本語力がほぼ0だったので、国語の授業だけ
別室で先生と1対1で受けていた。
▶ サッカーを始め、ダイスケくんと親友に。
当時流行ってた遊びは、牛乳を口に入れたまま
向き合って、くだらないことで笑い合うこと。
▶ 小学校5年生で日本語が普通に話せるように。
▶ 転校生に告られ、初の彼女ができるが1週間で終わった。
ぽっちゃり系で丸顔好きはこの頃から変わっていない。

2003年(13〜15歳)

中学生時代

▶ サッカー部に所属。走れるし声も
デカイことが一番の持ち味だった。
▶ 中2の夏休み、ミャンマーで修行。
当時出会ったお坊さんに「キミは人前に出るね」
と言われサッカーの日本代表になれるのかなと
勘違いする。
▶ 中2の冬に、恵比寿のスーパーの前で
スカウトされ、スターダストプロモーションに所属。
▶ 週1でレッスンに通い、ダンスや演技を学び、
ダンスって楽しいかもと思い始めた。
▶ この頃はオーディションに行っても落ちるし、仕事もなかった。

当時の宣材写真

2006-2008年(16〜18歳)

高校生時代

▶ 芸名を『ウィン』から『森崎ウィン』に改名。
森崎ってどう書くの？って思いながら
携帯で調べながら書いてた。
▶ アルバイトを始める。コンビニや焼肉店。
▶ PrizmaXに加入。イベントやライブ出演などで活動し、
同時期に俳優としてもデビュー。

🎵 11月　大阪・大阪駅前でストリートライブ
📺 『東京少女桜庭ななみ』第1話
『恋より大切なこと』(高志 役)
📺 『学校じゃ教えられない!』(西川叶夢 役)

2009年(19歳)

▶ 初めての一人暮らしを始める。自由になった
開放感もあり人生で一番やんちゃだった。
▶ 今考えると、調子に乗ってたなって思う時期。

📺 『ごくせん 卒業スペシャル』(五十嵐真 役)
📺 『仮面ライダーW』(稲本弾吾 役)
🎬 『ごくせん THE MOVIE』(五十嵐真 役)
💿 FUNKY MONKEY BABYS『明日へ』

> 若いなーっ!

2010年(20歳)

▶ オリジナルで曲作りを始める。
▶ 芸能界でやっていこうと心に決めた頃。

🎵 8月　他のPrizmaXメンバーとNAKED BOYZ結成。同年末に卒業。
🎬 『パレード』(誠役)
🎬 『書道ガールズ!! わたしたちの甲子園』(市ノ瀬誠役)
🎬 『劇場版 怪談レストラン』(皆神カオル役)

2011年（21歳）

- ♫　8月　EBiDAN夏公演『嵐の臨海学校』
- 🎬　『天国からのエール』（伊野波カイ役）

バンドでプロを
目指す高校生の役で、
ドラム担当でした

2012年（22歳）

- 📺　『ゴーストママ捜査線
　　　〜僕とママの不思議な100日〜』（北島亮役）
- 📺　『天の方舟』（ディン役）
- 🎬　『闇金ウシジマくん』（イケメンゴレンジャイ役）
- 🎤　『3次元の彼女〜Z〜』（2012年4月、千本桜ホール）
- 🎤　『露出狂』（2012年7月 - 8月、パルコ劇場 ほか）
- CM　『カルピスウォーター』（アサヒ飲料）
- CM　NTTdocomo ドコモthanksキャンペーン
　　　『とある学生と、私。前篇』
- 🎞　Sonar Pocket『月火水木金土日。〜君に贈る歌〜』

2013年（23歳）

- ▶　PrizmaXとしてCDデビューを果たす。

- ♫　3月　1stシングル『Mysterious Eyes/Go！』
- ♫　10月　2ndシングル『Ready』作曲を担当。
- ♫　12月　『PrizmaXクリスマスワンマンLIVE
　　　〜10年経っても変わらない月明かり〜』
- 📺　『名もなき毒』（加西新 役）
- 🎤　『恋するブロードウェイ♪ vol.2』
　　　（2013年1月 - 2月、博品館劇場）
- 🎤　『大西洋レストラン』（2013年5月、博品館劇場）

共演の
ムロツヨシ
さんと

若手編集部員役でスーツ

2014年（24歳）

- ▶　尾崎豊追悼映画『シェリー』で初主演を果たす。
- ▶　ミャンマーの首都ヤンゴンで、初の海外ライブに出演。
- ▶　4thシングルで週間ランキング7位。初のトップ10入り。

- 🎬　『シェリー』（主演・佐藤潤一 役）
- 📺　『ペテロの葬列』（加西新 役）
- 🎤　『CLUB SLAZY The 3rd invitation 〜Onyx〜』
　　　（2014年10月、草月ホール）
- ♫　3月　3rdシングル『take me』
- ♫　9月　4thシングル『REBORN』
- ♫　12月　冬のボーナス盤『FANTASISTA』

この頃金髪にしてました

2015年（25歳）

- ▶　4月　Fm yokohamaで初のラジオパーソナリティーを務める
- ▶　5月　PrizmaX、初の海外ライブ

- ♫　5月　5thシングル『OUR ZONE』
- ♫　5月15日・16日　Novotel Yangon Max Hotel
　　　『Gorgeous Japan（ゴージャスジャパン）』に出演
- ♫　8月　『PrizmaX森崎ウィンBIRTHDAY LIVE
　　　〜WINの止まらない一夜〜』
- ♫　9月　6thシングル『Lonely summer days』
- 🎤　『グラファー』（2015年10月、キーノートシアター）
- 🎤　『HOME 〜魔女とブリキの勇者たち〜』
　　　（2015年11月、草月ホール）

2016年（26歳）

- ▶　6月　『レディ・プレイヤー1』にてハリウッドデビューが決定

- 📺　『東京女子図鑑』（恵比寿編・隆之 役）
- 🎬　『鬼談百景』『追い越し』（健太朗 役）
- ♫　4月　7thシングル『UP＜UPBEAT』

5月＠名古屋。このあと映画撮影の為に
秋頃までPrizmaXの活動を一時停止

2017年（27歳）

- 📺　『Kissうぃ〜ね！Season2』（レギュラー出演）
- ♫　2月　ミャンマー開催のLIVE
　　　『ジャパンミャンマーエドー2017』に出演
- ♫　3月　1stアルバム『Gradually』発売
- ♫　8月　8thシングル『Orange Moon』

2018年（28歳）

- ▶　8月　ミャンマー観光大使に任命される
- ▶　11月　バラエティ番組『Win's Shooow Time！』
　　　（ミャンマー）スタート
- ▶　ミャンマー国内でのCM出演が増えはじめる

- 📺　『ミス・シャーロック/Miss Sherlock』（相沢役）
- 📺　『My Dream My Life』（木村アウン役）
- 📺　『ハゲタカ』第7話・最終話（天宮光一役）
- 🎬　『マイ・カントリー マイ・ホーム』（木村アウン役）
- 🎬　『レディ・プレイヤー1』（ダイトウ役）
- 🎬　『クジラの島の忘れもの』（主演・グエン・コア役）
- 🎬　『母さんがどんなに僕を嫌いでも』（キミツ役）
- CM　『FUJIFILM』（ミャンマー）
- CM　サトゲー日清『Wah-Lah ヌードル』（ミャンマー）
- CM　『Myanmar Postcode Ambassador』（ミャンマー）
- CM　SUNTORY Thailand『BRAND'S』（ミャンマー）
- CM　SUZUKI『SWIFT』（ミャンマー）
- ♫　2月　9thシングル『yours』

2019年（29歳）

- ▶　8月23日　ソロライブ（浅草花劇場にてバースデーライブ『Be Free』を開催）

- 📺　『トゥレップ〜「海獣の子供」を探して〜』（主演）
- 📺　『本気のしるし』（主演・辻一路 役）
- 🎬　『蜜蜂と遠雷』（マサル・カルロス・レヴィ・アナトール 役）
- 🎭　『海獣の子供』（アングラード役）
- ♫　4月　2ndアルバム『FRNKSTN』
- ♫　12月　10thシングル『愛をクダサイ / Beginning』

2020年（30歳）

- ▶　第43回日本アカデミー賞 新人俳優賞を受賞（『蜜蜂と遠雷』）
- ▶　3月27日　PRIZMAXが解散。

- ♫　1月　PRIZMAX解散を発表
- 🎬　『キャッツ』ミストフェリーズ（ローリー・デヴィッドソン 役）
- 🎤　ブロードウェイ・ミュージカル『ウエスト・サイド・ストーリー』Season2
　　　（主演・トニー役）（2月1日〜3月10日、IHIステージアラウンド東京）
- 📺　『The House with Dreams』（ミャンマー）
- CM　『Strategy First University Extension』（ミャンマー）
- ♫　3月　ラストライブ『PRIZMAX Live Level 0 〜FINAL〜』
- 📺　『FAKE MOTION -卓球の王将-』（近藤勇美役）
- ♫　8月　MORISAKI WIN 1st ep『PARADE』
- 🎬　『妖怪人間ベラ』（2020年9月11日公開）
　　　（主演・新田勇介役）
- 📺　『彼女が成仏できない理由』（主演・エーミン 役）
- 🎬　劇場版『本気のしるし』
　　　（2020年10月9日公開）（主演・辻一路役）

#1 GRANDMOTHER

ミャンマーのおばあちゃん

ミャンマーに住んでいるおばあちゃんは、育ての親でもあり、とてもとても大切な存在。
"森崎ウィン"を最もよく理解しているおばあちゃんとの電話対談が実現しました！

ウィンの名前は
おじいちゃんからとったの

ウィン　今日はね、おばあちゃんからいろんな話を聞いてみたいと思っているんだ。

おばあちゃん　ありがとう。私も久しぶりにじっくりウィンとお話ができて嬉しい。何が聞きたいの？

ウィン　まずね、僕の名付け親はおばあちゃんなんだけど、どうしてウィンという名前にしようと思ったの？

おばあちゃん　おじいちゃんの名前がウーソーウィンなのね。だから、おじいちゃんの名前からもらってウィンにしようって。

あとはミャンマーでウィンという言葉は明るいという意味があるの。あなたに明るい子になってほしいという願いをこめて、ウィンとつけたのよ。

ウィン　そっか。僕ってどんな子どもだった？

おばあちゃん　とっても可愛かったわよ。それもね、おばあちゃんだけがそう言ってたんじゃないんだから。おばあちゃんがやっている英語塾の先生もみんなウィンを可愛がってくれていたのよ。

ウィン　うん。いろんな人に面倒を見てもらったのはよく覚えてる。

おばあちゃん　おばあちゃんの塾で勉強している生徒がいて、彼女が歌の大会に出場したのね。そのとき、ウィ

ンがステージの上まであがって彼女に花束を渡したの。すごく可愛かったんだから。覚えてない？

ウィン　それは覚えてないな〜。小さい頃の僕って、悪いところとかあった？

おばあちゃん　ないない。ウィンは小さいときから賢くていい子だったもの。よく覚えているのが、哺乳瓶ってあるでしょ？　あれをね、ウィンは小さい頃から自分で飲んで哺乳瓶を捨ててたの。

ウィン　自分で？（笑）。

おばあちゃん　そう。自分で飲んで、なくなったら自分で捨ててた（笑）。

ウィン　そうなんだ（笑）。

おばあちゃん　で、それを見て、あなたの面倒を見てくれていたお手伝いさんがね、捨てられた哺乳瓶を拾って洗ってたの。

ウィン　全然覚えてない（笑）。おばあちゃんから見て、小さい頃から僕って何か才能みたいなのあった？

おばあちゃん　あったあった。あれはウィンが10歳のとき、ちょうど日本に行く少し前のことね、ブライアン・アダムスの『Please forgive me』という歌があって、おばあちゃんの大好きな歌だったんだけど。

ウィン　うん。覚えてるよ。

おばあちゃん　おばあちゃんは塾で英語を教えるときにいつも歌を教えるようにしているのね。それは、音楽を通して英語に興味を持ってほしいからなんだけど。だから、塾ではよく子どもたちが『Please forgive me』を歌っていて。ウィンはそれを聴いて、おばあちゃんが何も教えていないのに完璧に歌えるようになっていた。あのとき、この子には音楽の才能があるって、おばあちゃん思ったもの。

ウィン　僕も『Please forgive me』を歌っていたことは覚えてる。

おばあちゃん　ウィンは昔から音楽が好きで、よく歌ってたわ。ほら、一緒にナイトクラブに行ったのは覚えてる？

ウィン　僕がおばあちゃんと？　本当に？　全然覚えてない（笑）。

おばあちゃん　まだ小さかったものね。よくナイトクラブに行って歌やダンスを観てたのよ。ただ、あのときのウィンは人が大勢集まる場所が怖かったみたいで、ずっとおばあちゃんの横にくっついていたけど（笑）。

ウィン　そうなんだ（笑）。

おばあちゃん　あとは、学校が終わったら、いつもサッカーをしにトゥウンナにあるグラウンドまで行って。その送り迎えをするのも、おばあちゃんの毎日の楽しみだったわ。

ウィン　僕っていくつぐらいからサッカーを始めたか覚えてる？

おばあちゃん　小学校に入ってからよ。担任の先生が、ウィンのことを可愛がってくれて。その先生がサッカーのコーチだったの。ウィンのいるチームは試合になるといつも勝っていて。先生に会うとね、今でもそのときの話をよくしてくれるのよ。

ウィン　そっか。先生、僕のこと覚えてくれているんだ。嬉しいなあ。

日本に遊びに行ったとき、ウィンが階段から落ちたのにはびっくりしたわ（笑）

おばあちゃん　そうだ。おばあちゃんと一緒に日本に行ったことがあるのは覚えてる？

ウィン　覚えてるよ。夏休みにだよね。僕がいくつのときだっけ？

おばあちゃん　ウィンが8歳と9歳のときに1度ずつ、日本にいるお母さんのところに行って。よく覚えているのが、そこでおばあちゃんとお母さんがつまらないことで言い合いになると決まってウィンが「喧嘩しないで」って間に入ってくれてたの。

ウィン　そうだった（笑）。

おばあちゃん　小さいときからずっとウィンは心の優しい子だった。初めて日本に行ったときは、渋谷に行ったのね。そしたら、ウィンは途中で地下にあるお店の階段から落ちちゃったのよ。

ウィン　あった！　それは覚えてるよ。

おばあちゃん　そのとき、おばあちゃんは前を歩いていて、てっきり後ろからついてきているものだとばっかり思っていたからウィンが階段から落ちたことに気づくのが遅れちゃったのよ。周りにいた日本人の方が声をかけてくれて、それで慌てて救急車を呼んでくれたの。

ウィン　びっくりしたでしょ、それは。

おばあちゃん　本当にびっくりした。病院に行ったら口の中をちょっと切ってて。それだけですんで本当に良かったけど、あれはとても驚いたわね。そうだ、毎朝ボビーのお世話をしていたのは覚えてる？

ウィン　覚えてる。あの黒い犬だよね。

おばあちゃん　そうそう。よくウィンが面倒をみてくれていたわ。あとは、そうね、水かけ祭り（毎年4月に行われる、新年を祝うお祭りのこと）のこともよく覚えてる。そのときはパブリカっていう車に乗ってね、ウィンは窓を少しだけ開けて、そこから水が入ってくるのが好きで、よくはしゃいでいたわ。

ウィン　うん。好きだったなあ。

おばあちゃんからもらったギター

おばあちゃん　おばあちゃんが行くところにはいつも一緒についてきて。ターメニャ僧院に参拝に行ったのは覚えてる？　ウィンは短いズボンを履いて、一生懸命お祈りしていた。それでね、そこの有名な僧侶さんにウィンの頭を触ってもらって。そしたら「あなたは将来お金持ちになる」って言われたのよ。

ウィン　そんなことあったんだ！　他に小さいときの僕が好きだったものとか何かある？

おばあちゃん　そうね。ウィンは飛行機が好きだったの。だから、よくおじいちゃんが飛行機を見せに空港まで連れて行ってくれたのよ。

ウィン　空港によく連れて行ってもらったのは覚えてる。

おばあちゃん　いっつも飛行機を真剣な顔でじっと見つめていて。

ウィン　着陸する飛行機を見るために、夜の滑走路に行ったよね。

おばあちゃん　あったね。ああ、話しているとなんだか懐かしくなっちゃった。

ウィンには音楽の血が流れている
だから絶対有名になるって信じていたわ

ウィン　おばあちゃんは僕が日本の芸能界で仕事を始めて、そこから今みたいになるまでの間に心配だったことってある？

おばあちゃん　何にも。だってウィンには才能があるって信じてたから。さっき言ったでしょ？　本当に歌が好きだったって。よくお母さんが日本から送ってくれたカラオケの機械で歌ってね。

ウィン　確かギターを弾いてる写真もあったよね？

おばあちゃん　あったね。あれはウィンが大きくなったときに、おばあちゃんが買ってあげたのよ。

ウィン　そうだよね。それでギターを弾くようになって。

おばあちゃん　だから、おばあちゃんはウィンが日本の芸能界で活躍しているのが本当に誇らしいの。よく頑張ったね。

ウィン　ありがとう。

おばあちゃん　でもきっと活躍できるって信じていた。だってウィンには音楽の血が流れているんだから。あなたのおじいちゃんはアコーディオンが上手でね。ミャンマーのアコーディオン奏者はふたりしかいなくて、そのうちのひとりがあなたのおじいちゃんだったのよ。

ウィン　そうなの？　おじいちゃんってアコーディオンが弾けたんだ。他にも楽器は弾けたの？

おばあちゃん　ピアノは弾けたけど、ギターを弾いてるのは見たことがないわね。

ウィン　そうなんだ。そもそもおばあちゃんっておじいちゃんとどこで出会ったの？

おばあちゃん　大学よ。「パウンチーミ」というイベントがあってね、そこで出会ったの。おじいちゃんはおばあちゃんより7つ年上で、「パウンチーミ」でオルガンを弾いていて、それがとってもカッコよかったの。

ウィン　初めて聞いた！　面白いな〜。じゃあさ、今度はおばあちゃんから見た僕の強みと弱みを教えて。

おばあちゃん　ウィンの弱みは遠慮しすぎるところ。あなたは優しすぎるの。誰も傷つけたくないから、つい遠慮をしてしまう。でも、ビジネスの世界では遠慮ばかりしてちゃダメ。言いたいことがあったら直接はっきり伝えないと。

ウィン　うん。わかった。

おばあちゃん　でもその性格はおばあちゃんのせいかもしれない。おばあちゃんも怒らないし、嫌いな人に対して文句も言わないから。

ウィン　確かに。おばあちゃんが怒っているのとか見たことない。

おばあちゃん　一度だけすごく怒ったことがあるの。塾で働いている先生が生徒のお金を盗んだのね。そのときはすごく怒った。でも怒ることって、自分の気持ちをコントロールできなくなることだから。それがおばあちゃんはあんまりいいことだと思えなくて、それ以来、怒らないように心がけているの。

ウィン　そうだったんだ。

おばあちゃん　それからウィンの強みは、これは言わなくてもわかってるでしょ？

お祈り中のふたり

ウィン　え？　何？

おばあちゃん　あなたはとっても優しい。それがいちばんの強みよ。それはお母さんのおかげね。あなたのお母さんはちゃんと心をコントロールできる人だから、お母さんと一緒に生活することで、ウィンはとても優しい人になった。だから、おばあちゃんは日本に行ってよかったと思

愛情たっぷりに育ててくれたおばあちゃん

ってる。

ウィン　うん。そう言ってくれることが嬉しいよ。

おばあちゃん　あと、ウィンの素晴らしいところは、やりたいと思ったことは必ずやり遂げるところ。子どものときからずっとそうだった。何かやりたいことがあったら私やおじいちゃんにお願いをして。それでもダメだったら、隣に住んでる私の弟にお願いしに行って。そうやって小さいときから人の助けを借りることができていた。おばあちゃんね、成功する人には4つのポイントがあると思っているの。

ウィン　4つのポイント？

おばあちゃん　そう。それは、「才能」、「タイミング」、「可能性」、そして「運」ね。ウィンにはこの4つがすべて揃っていた。だから活躍してるんだって思っている。今も家にね、ウィンの写真をいっぱい飾ってるの。おばあちゃんは、ウィンのことが大好きなの。

ウィン　僕もおばあちゃんのことが大好きだよ。

おばあちゃん　だから本当言うと、ウィンが日本に行ったときは寂しくて仕方なかった。ウィンの前では泣かなかったけど、空港でお別れしたすぐあとに泣き崩れてね。それからしばらくの間はずっと気持ちが塞ぎ込んでいたの。なかなか自分では気持ちを切り替えられなくてね。半年間、仏教の施設に行って修行を受けたのよ。それぐらい辛かったけど、あのときの判断は間違ってなかったと思っている。今こうしてウィンがミャンマーで有名になれたのは、日本に行ったおかげ。本当によかったと思っている。だから、どうかこれからも頑張って、お仕事をしている姿をおばあちゃんに見せてね。

ウィン　ありがとう。僕も頑張るから、おばあちゃんも体に気をつけて、いつまでも元気で長生きしてね。

#2 DAIKI SHIMIZU

清水 大樹

"プリズは、
間違いなく俺の青春だった"

"見習いたいところの方が断然多い。
ウィンはとにかく情熱的"

"森崎ウィン"をもっともよく理解している、親友であり、元PRIZMAXのリーダー、
清水大樹さんとの対談から、ふたりの今までを振り返りました。

ウィンからもらったトラックボール、
基本的には使っていません（笑）

大樹　ウィンと初めて会ったのは僕が16のとき。まだPRIZMAX（以下、プリズ）に入る前で、レッスンで一緒になったんだけど。

ウィン　そこから俺がプリズに入って。

大樹　ただ当時はメンバーが多かったのもあって、そこまで仲が良いっていう感じでもなくて。

ウィン　よく話すようになったのは、『闇金ウシジマくん』の頃からだっけ？

大樹　撮影の間、ウィンが実家に泊めてくれて。今考えるとすごい話だよね。僕だったら他人を2カ月も泊めるなんて死んでもできないなと（笑）。

ウィン　ヤバいよね（笑）。

大樹　ウィンの方が現場が早い日とか起きたらもういなくて。ウィンのパパが、弟のことを叱っている声でよく目が覚めてた（笑）。

ウィン　懐かしいなあ。無駄にインテリ風を気取って、よく渋谷の宇田川カフェでMacBookだけ開いて何もせずにいたのを覚えてる（笑）。

大樹　そう！　ネットもつながってないのに（笑）。あと、MacBookと言えば、前に誕生日プレゼントでトラックボールをくれたじゃない？　それがそのちょっと前に僕がほしいって言ってたやつで。そんな話をしていたこと自体、すっかり忘れてたから、覚えてくれていたことが嬉しかった。

ウィン　そこはね、狙ってたから（笑）。大ちゃん、プロデュースの仕事がやりたいって言ってたじゃない？　だからこれからはパソコン作業も多くなるだろうと思って。ちゃんと使ってる？

大樹　……そうだね（目が泳いでいる）。

ウィン　おい！（笑）。

大樹　いや、なんかあれ、毎回使うたびにマウススピードを設定し直さなくちゃいけなくて。それが面倒臭くて、普段は元からあったのを使ってるんだけど。

ウィン　（すごい目で大樹を見ている）

大樹　違う違う！　あれは、あることに意味があるの。時と場合によっては使っているから。

ウィン　基本的に使ってほしいの！

大樹　基本的には使ってないけど……。

ウィン　使ってないのかよ！

大樹　そこで言えば、僕が前に誕生日プレゼントであげた茶色のベルト、全然使っているのを見たことがないけど……。

ウィン　ベルトは……あんまり使ってない。

大樹　返せ！（笑）。

ウィン　すみません（笑）。せっかくだからさ、こんな感じでずっと言えなかったお互いの直してほしいところとか言い合わない？

大樹　いいね。何かある？

ウィン　俺は、大ちゃんには食べ方がキレイではないところを直してほしい（笑）。

大樹　それはね、僕も自覚がある。ウィンは……なんだろう（と、しばらく考え込む）

ウィン　素直に言っちゃえよ〜。直してほしいところはないですって（笑）。

大樹　あ、そうだ。撮影のときにウィンだけ特別黒いから、照明の調整に時間がかかること！　いつも「この時間なんだろう」って思ってた（笑）。

ウィン　それね、芝居の現場でもある（笑）。覚えてるのは、照明さんが俺のライトの加減を調節してて。こっそり「光量最大でいいよ」って言ってるのが聞こえちゃって。女優さんよりも光が強かったときはさすがにショックだった〜（笑）。

大樹　それはありそう（笑）。でもこれはお世辞抜きでウィンに関しては見習いたいところの方が断然多い。ウィンはとにかく情熱的。プリズをやっているとき、鬼のダンスレッスンというのがあって、本当に今思い出しても地獄の内容なんだけど、ウィンはそれが終わった後も、よく近所の車屋さんのガラスを鏡代わりにして遅くまで練習してた。ギターもその頃からよく練習して、自分でオリジナルの曲を作ったり。そのときに作った曲が『抱きしめて行く』。あの頃やっていたことがちゃんと形になっているのがすごいなと思う。

ウィン　あの頃からずっと自分の作った曲はまず大ちゃんに聞いてほしいって気持ちがあった。それで、よく俺が曲を作って、大ちゃんにラップをはめてもらったりして。だから、いつか大ちゃんをライブのサプライズゲストとして呼ぶのが俺の今の目標のひとつ。で、ラップをしてもらう！

大樹　やりたい！

大ちゃんとはいくつになっても
笑って語り合える気がする

ウィン　大ちゃんは、俺にとっていつも必要な言葉をくれる人。大ちゃんの言葉に何度も救われたからさ。それこそ（黒川）ティムが辞めた後、ヴォーカルがひとりでいけるか不安だった俺に、「全然いけるよ」って言ってくれたのが大ちゃんだった。

大樹　それはウィンがハリウッドに行ってるときに、ティムがひとりでヴォーカルをやっているのを見ていたからもしれない。ティムも頑張っていたけど、すごく大変そうで。だから最初はウィンのことも心配だったんだけど、ウィンはいつも前向きで、みんなの前では大丈夫だっていう空気を出していた。それを見て、ウィンは周りを引っ張っていける力があると感じたから、「全然いけるよ」って背中を押せたんだと思う。

ウィン　プリズのことで今でも覚えている嬉しかった思い出はたくさんあるけど、印象的なのは給料が上がったとき（笑）。今だから話せることだけど、デビュー当時とか大変だったじゃない？　俺はまだ実家暮らしだから何とかなったけど、大ちゃんは大阪からこっちに出てきてたから余計にお金もかかって。レコーディングが終わった後、そのまま深夜バイトに行ってたよね。

大樹　夜10時から朝の9時まで働いて。

ウィン　その後、11時からリハみたいな生活だった。一時期ヤバかったよね。クマつくって、どんどんげっそりしていって。だから、高い部屋には住めないけど、バイトとかにそこまで時間を割かずに、生活できるだけの給料をもらえるようになったときはすごく嬉しかった。

大樹　あのとき、しんどくてもやってこられたのは、ウィンみたいにどんなときも情熱を持ってやっている人が近くにいたからだよ。あれでリハ現場が死んだような空気だったら耐えられなかった。ウィンのおかげでモチベーションをキープできたところは絶対にある。

ウィン　何よりオリコンに入れてくれたホリックのみんなに感謝だよね。みんながいてくれたからデビューから7周年まで迎えることができた。本当にたくさん支えてもらったよね。最後は解散という形になってしまったのは申し訳なかったけど。

大樹　大変だったよね、いろいろ。

ウィン　ただひとつこの場を借りて後悔していることを言わせてもらえるなら、やっぱり新メンバー3人のことは今でもすごく考える。あの3人にとっては、みんなで決めたとはいえ、たった1年で活動が終わりになっちゃって、すごく迷惑をかけたと思うから。実は新メンバーが入るという話になったとき、俺はすぐに賛成という気持ちにはなれなくて。

大樹　あそこで意見は分かれたよね。僕は入れた方がいいと思ってた。やっぱり何か変化がほしかったし。

ウィン　でも最終的にはみんなで話し合って、結局元の4人のままでいいのでは、という自分の意見をちゃんと言わないまま受け入れてしまって。俺が後悔しているのは、自分の気持ちをちゃんと伝えなかったこと。あの経験は自分の中で大きくて。そこから何か決断をするときは、自分の直感を信じて意見を言おうって考えるようになった。

大樹　解散ライブはどうだった？

ウィン　結構直前まで実感なかったよね。ライブ前にふたりで飲みに行って。「解散したらどうなるんだろう」なんて話をしたりして。

大樹　僕は1週間前くらいまで全然実感なかった。

ウィン　俺、最後まで泣けなかったんだよなあ。

大樹　ウィンはそれで正解だったと思うよ。

ウィン　大ちゃんは泣いてたよね。

大樹　ライブ中は寂しいとか悲しいとか一切なくて。その瞬間瞬間のことだけを考えていたんだけど。最後にひとりずつ話すところでさ、やっぱり自分で言葉にしていくと、今までの思い出とか溢れてきて感極まっちゃって。ラストのエンドロールで今までの写真が流れているのを見たときは、純粋に泣けたな。

ウィン　俺が泣けなかったのは、もしかしたら有ちゃん（福本有希）が辞めたときがピークだったからかもしれない。新体制になってから誰かひとりでも辞めたらプリズは終わりだと思っていたから、有ちゃんがいなくなってしまったこ

とで、プリズを守れなかったんだなという気持ちが爆発して。あのときがいちばん泣いたと思う。

大樹　グループをやるって本当に大変なこと。それぞれ考えていることも違うし。最終的には別の道を歩むことになったけど、僕はプリズをやれて本当に良かったと思っている。

ウィン　それは絶対にそう。数え切れないくらいバカやった思い出があって。プリズは、間違いなく俺の青春だった。

大樹　ウィンとは、もう同じグループのメンバーではなくなったけど、今もこうしてずっと連絡をとり合って。きっと一生友達なんだろうなと思う。一緒にグループをやっていた時から、ウィンが大きな仕事が決まるたびに、本当なら悔しがらなくちゃいけないはずなのに純粋に嬉しくて、努力は実るんだなって心から応援したくなった。そういう意味では刺激を与えてくれる存在ではあるけれど、決してライバルではなくて。ウィンは、いつも僕を頑張ろうという気持ちにさせてくれる人です。

ウィン　きっと大ちゃんとはいくつになっても「あのときああだったよね」って笑って語り合える気がする。落ち込んだときに大ちゃんと会うとモチベーションが上がるし。たとえそういうのがなくても一緒にいるだけで気持ちが楽になる。これから大ちゃんの進む道は大変なこともいっぱいあると思うけど、ガンガン突き進んでほしい。お互いそれぞれのフィールドで戦って、そして疲れたら帰ってきてさ、思っていることを何でも話せる間柄であれたらいいなと思います。

清水大樹　しみずだいき
俳優・ダンサーで元PRIZMAXのリーダー。『FATALISM ≠ AFTER STAGE』(19年)、金曜ナイトドラマ『女子高生の無駄づかい』(20年)など俳優として活動しながら、YouTube【しみちゃんの部屋】を更新中。

2020.08.19
ON SALE
Debut ep
"PARADE"
レコーディングに密着

この夏アーティストデビューを叶えた、MORISAKI WIN
初のスタジオレコーディングに密着しました！

PM 1:00 ---- PM 1:30 ---->

お気に入りの愛車で
スタジオへ

撮影やレコーディングの際も、基本
は車移動。去年購入したお気に入
りの愛車は、前から欲しかった車種
で、見に行って即決しました。

基本、車内はキレイ。白い
輪っかは車用のフレグランス
で、香りにもこだわってます。

レコーディング
スタジオに到着

昔はレコーディングの前って気合い
入ってたんですが、力が入りすぎる
と逆に良くないので今は平常心。な
るべくラフに行こうって意識してます。

余計なことを考えたくない
ので、ポケットにスマホだ
け入れて、あとは何も持た
ずに手ぶらで来ます。

今日はよろしくお願いします〜

めちゃめちゃカッコイイ歌詞！

PM 2:30

本日収録分の
歌詞をチェック

実は今日収録する曲の歌詞は、このときが初見。その場で渡されてビックリしたけど事前に見ていない分、考えすぎずに歌に入り込めました。

最近どよ？　絶好調です！

↑ おのPこと
プロデューサー小野寺さん

チームウィンの舵取りを担ってくれているのが、日本コロムビアのおのP。オススメのアーティストを急に送ってきたり、変なスタンプを使ってきたり面白い人（笑）。

♪Lalala〜♪

PM 3:00

練習も兼ねて
テストレコーディング

まずは何の情報も入れず、自分の思ったまま歌ってみます。何度か歌っていくうちに、歌詞の世界観がだんだんと見えてくるんですよね。

確かにこの方がカッコイイですね！　　こっちの方がいいかな〜

PM 3:30

スタッフさんと話し合い
ながら歌詞の調整

何度か歌ってみてから「ここの歌詞はもう少しこう変えようか？」「こっちの単語の方がハマるかも」と全員で話し合いながら作っていくのが、チームウィン流。

歌いながら自分なりに気が付いたことや、変えた方がよさそうな歌詞、アクセントなどもしっかりメモしておきます。

COFFEE BREAK

ふぅ〜

Zzz...

PM 4:30

ちょっとお疲れ?!
一旦休憩タイム

歌撮り前にちょっとだけ休憩。疲れてるときは甘めのコーヒーを飲むことが多いかな。というかいつも甘いやつを飲んでますね、基本甘党です。

win's favorite snacks ♡

ポテチとかナッツとかが好きで、休憩室にあるとずっと食べちゃいます (笑)。

PM 5:00

歌撮り本番スタート

今回は、今まで自分が歌ったことのないような表現の仕方が多いので、もうめちゃくちゃ刺激的！ 歌っているのが楽しくてしょうがないです。

「役者が歌っている」という感じには絶対したくない。本物であることを見せたいし、カッコいいじゃんって驚かせるものにしないといけないって想いは強いです。

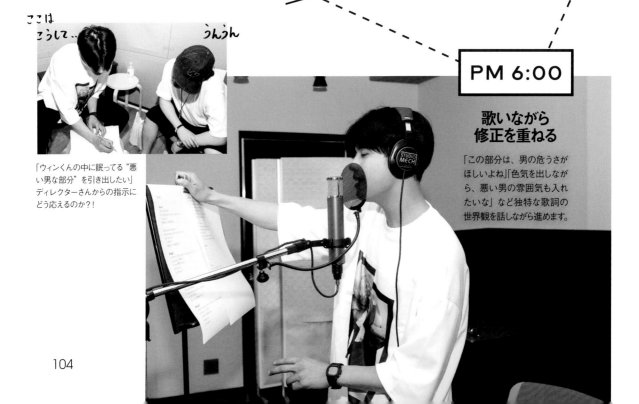

ここは
こうして…

うんうん

「ウィンくんの中に眠ってる"悪い男な部分"を引き出したい」ディレクターさんからの指示にどう応えるのか?!

PM 6:00

歌いながら
修正を重ねる

「この部分は、男の危うさがほしいよね」「色気を出しながら、悪い男の雰囲気も入れたいな」など独特な歌詞の世界観を話しながら進めます。

PM 6:45

セクションごとに歌撮り

「こことここは韻を踏んでるからこんな感じで」「ここの語尾は、デェーって感じで英語っぽく」etc.ディレクターさんからの指示に応えつつ進めます。

今回のレコーディングでは、ディレクターさんが細かい部分までわかりやすくディレクションをしてくれたので、表現の幅がかなり広がりました。スタッフさん達がみんな僕のことをよくわかってくれているのも安心だし、本当に信頼できる方たちばかり。

PM 8:00 ----→ *That's all*

本日はお疲れさまでした！

最後にサウンドチェック

ラストに音のチェックをして、本日は終了。最高の1曲に仕上がっていて早くも感動……。「早くみんなに聴いてほしい！」

いい感じ！

How was recording today?

純粋にめちゃくちゃ楽しかった。今回は選曲から参加させてもらっているので、チーム一丸となってMORISAKI WINというアーティストを一緒につくり上げられたことがすごくうれしいです。でも今は、ようやく門出の作品ができたっていうスタート地点。ここが始まりで、向かう先はアジアツアー！楽しみに待っていてください。

Message 01 アーティスト仲間 **平原綾香**さん

Level 30、おめでとう！
これからも清く正しく元気よく、歳を重ねてください！
ウィンくんと初めて会ったのは、日本・ミャンマー交流イベント『ジャパン・ミャンマー・プエドー』の舞台裏。礼儀ただしくてずーっとニコニコしてました（笑）。
その後、デュエット曲『MOSHIMO』がミャンマーで1位になったときは嬉しかった！
今ではお笑いコンビの相方という認識（笑）。これからも本気で小競り合いができる歌仲間でいてね。

Message 02 スタイリスト
森田晃嘉さん

30歳 おめでとう！ ウィンくんとの一番の思い出は何と言っても『レディ・プレイヤー1』のロンドンプレミア試写会に同行できたこと。誰よりも目立つ（笑）白いジャケットにゴールドのシャツを司会者から褒められたとき「用意してくれたスタイリスト、ミスターモリタ！ サンキュー！」って言ってくれて、泣きました。スタイリスト冥利に尽きる最高の思い出です！

Message 03 日本コロムビア プロデューサー
小野寺文夫（おのP）さん

ウィン、誕生日おめでとう！
初めてウィンに会ったとき、開口一番に「僕はアジアに進出したい」と熱く、そして具体的に語ってくれた。その真摯な強い想いに心を打たれたし、ウィンならば必ず道が開けると確信しました。その夢を叶える為、一緒に挑戦をしていきたいし、ひとりのミュージシャンとして、大きく羽ばたく姿、期待してます。

HAPPY
30th
Birthday

仲間たちから森崎ウィンへ贈る、おめでとうメッセージ

仕事の仲間や、昔からの友人、先輩etc.
森崎ウィンを囲む、素敵な仲間たちから、
30歳を祝うおめでとうメッセージが届きました！

Message 04 ギターの師匠 **Ryumei**さん

30歳か〜まだまだ希望に満ち溢れる歳だね！
ウィンは本当に素直に色々なものを吸収しようとする気持ちが凄い！ 反面物凄く頑固だけど（笑）。 可愛い弟でもあるし、同志でもある存在。相談を受けたり一緒にギター弾いたり、なんだかウィンの為なら、何とかしてやるってなるんだよな〜。その調子でどんどん吸収してもっともっと素敵な男になって下さい！

Message 07 スタイリスト **添田和宏**さん

ウィンくんおめでとう！ 楽しみで仕方がない30代、味がでてくる30代、アーティストとしての飛躍の30代、期待しています。これからも一緒に刺激的な面白いことしていきましょう！

Message 05 ヘアメイク **KEIKO**さん

もう30歳?! おめでとうございます！ 若いときから見ているので息子みたいな存在でした。周りに気を遣える優しいウィンくん。さらに躍進して、ステキな30代になってくださいね。

Message 06 ヘアメイク
宇田川恵司さん（heliotrope）

男の分岐点は30歳！ その分岐点にいるウィンくんのさらなる有言実行が楽しみです。
2014年、初めて楽屋のドアを開けてウィンくんに出会ったとき、感じたオーラ、歌とダンスの上手さに感動したのを覚えています。「宇田川ちゃん、俺は絶対ビッグになって世界に行くから、そのときはメイクで一緒に行ってね」と言う言葉通りになったね。これからも一緒に成長していきたいです。

Message 08 — 高校時代からの友人 加藤ちゃん

30歳おめでとう！
知り合ってかれこれ14年程経つけど、あっという間だったな。もう見慣れたけど友達を画面越しに見るのってやっぱり変な感覚（笑）。最近はなかなか会えなくて寂しいけど、活躍してる姿を見ると嬉しいし刺激になる。そして、決して天狗にならず、常に努力家で謙虚で優しくて素直な所はすごいなと思うし、俺も見習わなきゃな。不規則な仕事だろうから、体調崩さない程度に頑張れよ。落ち着いたらまた飲みに行こう！　お祝いするぜ！
P.S 5000円、今度返します。

Message 09 — アーティスト仲間 kyo-heyさん

10年くらい前ラーメン屋で、悩んでるウィンに対して「お前は絶対に売れる！」って言い続けたのが懐かしいな。今ではウィンが本当に活躍してることが誇りです。いつも楽しく、仕事もプライベートも一生懸命生きている奴だから、歳をとろうがどこに行こうが、ウィンなら何処までも行けるはず！　髭面がますます似合う俳優になってほしい！　30歳からのウィンが本当に楽しみです。

Message 10 — 高校の同級生 シュンちゃん

高校で同じクラスになって仲良くなって、本当に毎日遊んでました。今はお互い忙しくてなかなか会えないけど、日本だけでなく世界に羽ばたいて活躍してるウィンを見てると自分ももっと頑張ろうって思う。これからもずっとそのままのウィンちゃんでいてね。たまにはフットサルして呑みに行こう〜（笑）。

Message 11 — 俳優仲間 白石隼也さん

ウィンはずっとカッコ良かったけど、今が一番カッコイイよ。本当に。
30代のウィンがどうなっていくのか楽しみです。おめでとう！
基本的にはバカ野郎なのに、やるときはやるところが最高。
僕が主演する映画にウィンが友情出演してくれたとき、共演の海外の女優さんと僕が、言葉の壁もあり関係性を築くのに苦労していたのですが、ウィンが間に入って助けてくれたことがあったよね。そのとき「ちゃんと言ってあげなきゃ分からないじゃん」と叱ってくれたウィンに惚れました。
あと、僕がいつ電話をしても、必ず出てくれるとこも好きです♡

Message 12 — ヘアメイク 駿さん

30代へようこそ！　初心を忘れずこれからも挑戦し続けウィンにとって飛躍の歳になりますように。次は主演でレッドカーペット!!!
でもまた朝まで飲みながらカラオケしようね（笑）。
いつもストレートにぶつかってきてくれるウィン。
ずっと大好きだぞ〜〜〜!!!

Message 13 — Fm yokohama『E★K radio〜MAXで行こう！』ディレクター 今泉幸子さん

ウィンくんお誕生日おめでとうございます。
25歳から一緒にお仕事させていただいてますが、ウィンくんには5年半で色々な景色を見せてもらいました。でも25歳のウィンくんも30歳のウィンくんもいい意味で、中身は少しも変わってません。というか、これからも変わらないでくださいね。うふふ。

Message 14 — 日本コロムビア プランナー 竹内裕太さん

ウィンくん、誕生日おめでとう！
歌手としても最高の30代にしましょう！
というか俺が最高にします。これから沢山最高の思い出をつくって、最高の景色を一緒に見よう！　末永くよろしくね。

Message 15 — ミャンマーのエージェント シートゥーアウンさん

ウィン！　30歳おめでとう。
なんでも相談出来る最高の友人。
撮影終わりにバガン（ミャンマー）で電動自転車に乗って町を回ったのが最高の思い出。
最高の笑顔、何でも出来ちゃうウィン。
いつも僕を信頼してくれてありがとう！
いつでも応援してるよ！　頑張って！

Message 16 — 中学校の頃の先生 友松利英子さん

中学を卒業してから15年。小さくて可愛かったウィンくんが、当時の倍の年齢になったなんて感無量です。あのときからずっと、自分の好きなこと、やりたいことを追い求めて、着実に努力を重ねてきたんだね。いつも笑顔を絶やさず、友達や家族をとても大事にしていたウィンくん。間違ったことは嫌いで、正直で正義感あふれる少年でした。学校での勉強や部活、そして行事の数々も、いつも楽しそうに夢中になってやっていたよね。
そんなあなたが素晴らしい縁やチャンスに恵まれたことは、決して不思議ではありません。マルチな活躍をする素敵なアーティストとしてのウィンくんの快進撃がとっても眩しく、そして我が事のように嬉しいです。これからもずっと応援してます。

Message 17 — バイト先の2個上の先輩 Zさん

節目だから何か言わないといけないけれども、特にないです。ウィンはわかってると思う。30だから何かをしないといけないとかはないし、何歳になろうが森崎ウィンは森崎ウィン！
戦友と言えるほど話したし、言うことはいつも一緒だからいらないかもだけど、
「ねだるな、勝ち取れ、さすれば与えられん。」
最後に……とりあえずおめでとうッ！

Win's 1week coordinate

DAY.1

POINT

パーカーの紐はリボン結びしてポイントにするのがちょっとしたこだわり。

動きやすさ重視の、可愛めカジュアルスタイル

Backstyle

このパーカーは、後ろのグラフィックが気に入って買いました。

Shoes
ネオンカラーのシューズはコーデのアクセントになってくれます。

トップスが黒なので、ピンクのパンツと、マルチカラーのネオンが入ったスニーカーを合わせて、普通になりすぎないようにコーデ。パーカーが好きなので、冬は中にたくさん着てそのままこれ1枚で外に出ちゃいます。

DAY.2

POINT

あえて定番じゃないブルーのレンズ。フレームの色に合わせシャツもグレーに。

きちんと感ある、初夏のオシャレマフィア

Color
ローファーとベルトのゴールドをしれっと合わせてリンクさせてます。

衣装で着たときに、デザインと着心地が気に入ってお買い上げした黒のパンツに、サングラスをポイントにしたコーデ。ただの怖い人にならないように、白のTシャツにストライプのシャツを羽織って夏っぽさも忘れずに。

森崎ウィン的ファッションとは？　を探るべく、1週間の私服コーディネートを調査！
ワードローブだけじゃなく、普段持っているバッグの中身まで大公開。

DAY.3

テキトーに見えて、実は計算されたバランス感

POINT

パンツの紐もリボン結びしちゃうのがポイント♡

Shoes
このベロアサンダルはミャンマーでは正装のときにも履くもの。この他に色違いもたくさん持ってます。

DAY.4

ちょっと飲みに行くときの、大人リラックスコーデ

POINT

パンツのすそに入ってる前スリットが、動きやすいし、ちょい個性的で気に入ってます。

DAY.3 & 4

カジュアルになりすぎないように、白Tにベストを足してパンツにイン。テーパードパンツだとユルいシルエットなのにダラっと見えないんですよね。Tシャツのそでをロールアップするのも、カジュアルを大人風味にみせるコツ。

シャツは派手すぎず地味すぎない色みと、てろんとした生地感がポイント。全身暗めなので重くならないように白が入ったスニーカーでアクセント。夜にちょっと近所に出かけるときや現場に行くときのスタイルですね。

109

POINT

DAY.5

タイのショッピングモールで目が合って即買いしたTシャツ（笑）。この表情が最高です！

ちょっと遊びも取り入れた、モノトーンコーデ

Shoes
丸いソールでサイドのカットの感じも好き。レザーできちんと感あるのも◎。

コーデのポイントはもちろんこのTシャツ！プリントでふざけてる分、カジュアルになりすぎないように、シャツとストライプのパンツを合わせて大人感を出しました。くすみピンクのソックスで可愛げもプラス。

DAY.6

POINT

このシャツは横のスリットがポイント。後ろの丈が長めなのもバランスいいです。

爽やか大人男子の、ゆるカジュアルな休日

最近ハマってるストライプのシェフパンツに、パープルのシャツを合わせて爽やかに。これだけだとぼんやりしちゃうので、中に黒のタンクをINしてアクセントに。ナイキの黒サンダル×白ソックスは休日コーデの定番ですね。

DAY.7

デザインが特徴的なシルバーの眼鏡に、スウェードのシューズをプラス。

Before

スエット×パンツにスニーカーだと、なんか子どもっぽくなっちゃう。

After

小物使いで脱カジュアル！ オシャレスウェットコーデ

グレーすぎない微妙な色みが気に入ってるスウェットトップスに、ベージュのシェフパンツを合わせたカジュアルコーデ。子どもっぽくならないように眼鏡とシューズをONし、バンダナをスカーフ風に使って首元にもアクセント。

Win's fashion ism

流行りは全く気にしないというウィン流コーデのこだわりとは？
自身のワードローブを見ながら共通点を探してみました。

1 ゆるシルエット

オーバーサイズでゆるっと着るのが、ウィン流コーデの基本かも。タイトなシルエットは衣裳のときくらいしか着なくて、私服はトップスもボトムスもゆるっとしたシルエットがほとんどです。

2 やわらかな生地感

衣裳で着たものを、お買い上げすることも多いんですが、服を選ぶときは触り心地とか、着心地をかなり重視します。てろんとしてて軽い生地は、動きやすくてリラックスできるから好き。

3 インパクトのあるプリント

Tシャツでもパーカーでもスウェットでも、気が付くとインパクトがあってプリントがドーン！　って入ってるトップスを選んでる。むしろプリントが気に入って買うことの方が多いかも。

Win's Bag

いつも持ち歩いているというバッグの中身をガサ入れ！
何が入っているかを、根掘り葉掘りしました。

バッグの中身を check！

①キリン柄のトートバッグ　②Kindle（最近買いました）③イヤホンとipad（移動中や休憩中に音楽や映画は欠かせない！）④台本（しっかり名前を書いてます）⑤勉強ノート（観た映画の感想メモ用、好きな曲のギターコード用、英語を勉強するとき用、なんでも書く用、色違いで4冊）⑥ハンドタオル（服も小物もストライプ柄が好き）、⑦ハンドクリーム

Win's *Favorite* creations

-好きな音楽、本、映画のこと-

普段から音楽や本、映画など、様々な作品に触れている森崎ウィンが、
アーティスト性、表現方法、世界観.etc.特に心動かされた作品を紹介＆解説します。

MUSIC

洋楽好きだったおばあちゃんに影響され、小さい頃から音楽が大好き。
ジャンルを問わず聴いてきたたくさんの作品の中から、おすすめの4枚を厳選。

彼の声は本当に唯一無二！
ライブを観に行ったら1曲目
から号泣です。

提供：ワーナーミュージック・ジャパン

アルバム『ドゥー・ワップス＆フーリガンズ』収録曲

カウント・オン・ミー
Bruno Mars

ブルーノ・マーズが昔から大好き。『カウント・
オン・ミー』は特に好きで本当によく聴いてます。
このアルバムに入ってる曲はこれ以外も全部名
曲なので、最初に聴いてみる1枚としてもオススメ。

©ユニバーサル ミュージック

アルバム『ワイルド・イン・ザ・ストリーツ＋3』収録曲

リヴィン・オン・ア・プレイヤー
Bon Jovi

基本音楽はいろんなジャンルを聴きます。ロッ
クだったらやっぱりBonJovi。小さい頃から聴
いてたんですが、これは特にLIVE前に聴くとテ
ンションもモチベーションも上がる！

提供：ワーナーミュージック・ジャパン

アルバム『ミュージカル／DEAR EVAN HANSEN』収録曲

If I Could Tell Her

『ウエスト・サイド・ストーリー』の共演者さん
におすすめされて好きになった曲。詞の内容が
本当に切なくて、伝えたいのに伝えられない気
持ちが溢れてるのでぜひ歌詞も見てほしい。

©ユニバーサル ミュージック

アルバム『ミュージカル／ピピン』収録曲

コーナー・オブ・ザ・スカイ

何気なく観に行ったお芝居の中で聴いて、思わ
ず感動！　ミュージカル自体にもすごく衝撃を
受けて、あぁこんな役をやってみたい、歌ってみ
たいなと俳優目線で思った曲です。

BOOK

最近ではkindleも購入して、読書時間が増加中。
好きな小説の中から、最も印象に残る2冊を選んでもらいました。

気になる表現や、グッときた言葉をスマホにメモしながら読んでいます。

『十角館の殺人』
綾辻行人／講談社

かなり前に書かれたミステリー小説なので、時代を感じる場面はあるんですが、そこが逆に良くて引き込まれる作品。作中のセリフや情景描写で、いいなって思う表現がたくさん出てくるのも魅力的。館シリーズが他にもたくさん出ているので、全シリーズを読破する勢いで読んでいます。

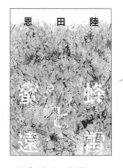

劇中では天才ピアニストのマサル役を熱演。小説の映画化に自分が携われるなんて思ってもいませんでした。

『蜜蜂と遠雷』
恩田陸／幻冬舎

映画に出演する前から既に読んでいて「映画化したらいいのに」と思っていたほどファンだった作品。クラシックを知らない僕でさえ、読んでいると音が聴こえてくるような、ピアノの表現方法が独特で素晴らしいんです。こういう眠っていた想像力を掻き立ててくれる小説が好きですね。

MOVIE

新型コロナ禍の自粛期間もあって、
今までよりさらに映画が好きに。
見た映画の感想は、忘れないように、
毎回ノートに書き込んでいます。

01

02

01

『幸せのちから』

監督：ガブリエレ・ムッチーノ

『幸せのちから』発売中
Blu-ray 2,381円（税別）／DVD 1,410円（税別）
発売・販売元：
ソニー・ピクチャーズ エンタテインメント

— STORY —

実話を元にした感動作。収入もなく妻にも出て行かれた主人公が、ホームレスにまでなりながらも、最愛の息子を守るため必死に生き延びようと奮闘。やがて成功へのチャンスを獲得する物語。

一番好きな映画でもう7回も観てます。何度観ても毎回泣いちゃうし、観る度にすごくモチベーションが上がって「努力して諦めなければ報われるんだ！」って思える最高の映画。

02

『シェフ 三ツ星フードトラック始めました』

監督：ジョン・ファヴロー

『シェフ 三ツ星フードトラック始めました』発売中
Blu-ray 1,800円（税別）／DVD 1,280円（税別）
発売・販売元：ソニー・ピクチャーズ エンタテインメント

— STORY —

究極のサンドイッチを売るため、移動販売のフードトラックをはじめた一流レストランの元総料理長、カールのアメリカ横断を描くコメディ作品。ジョン・ファヴローが監督・製作・脚本・主演を務めた。

影響されて料理を始めたくらい好きな映画。特に、お父さんと息子の絆を感じるシーンが本当によくて、心に伝わってくる演技なんです。あぁこういう表現の仕方するんだなって勉強にもなりました。

03

04

03

『コードネーム U.N.C.L.E.』

監督：ガイ・リッチー

『コードネーム U.N.C.L.E.』
ブルーレイ ¥2,381 ＋税／DVD ¥1,429 ＋税
ワーナー・ブラザース ホームエンターテイメント

— STORY —

1960年代前半、冷戦真っ最中のドイツを舞台にしたスパイ・サスペンス。CIAとKGBの敏腕エージェントコンビが、世界を股にかけ、世界の破滅を企む謎の国際犯罪組織に戦いを挑む姿を描く。

アクション映画が大好き。中でもこれは特にめちゃくちゃクールでカッコイイんです。昔のスパイ映画なんだけどオシャレだしコメディっぽさもあって男の子は絶対好きな映画！

04

『流転の地球』

監督：グオ・ファン

Netflix 映画『流転の地球』独占配信中

— STORY —

太陽に異変が起こり、300年後に太陽系そのものが消滅することが判明。人類は地球ごと太陽系から脱出する壮大な計画に出る。衝突へのカウントダウンが始まる中、人類の命運を賭けた壮絶な戦いを描いた作品。

中国から取材にきたスタッフさんにおすすめされて観たんですが、中国のSFのすごさが分かる！ 画だけじゃなく内容もすごく良くて号泣しました。ストーリーもシンプルで見やすい作品です。

おうちデートはリラックスしながら
楽しい映画を観たいな

おうちデートで観るなら……？

『好きだった君へ: P.S.まだ大好きです』

監督：マイケル・フィモナリ

Netflix 映画『好きだった君へ：P.S. まだ大好きです』独占配信中

―― STORY ――

恋に超奥手な高校生がひょんなことからやむを得ず偽のカップルを演じることになり、いつしか本物の恋に発展しカップル誕生……と思いきや、すれ違いや三角関係を引き起こし物語は急展開。

おうちデートなら一緒に楽しく観れるラブコメディーがいい！　これは王道のラブストーリーなんだけど、ストーリーもおもしろくて雰囲気も可愛いから、特に女の子におすすめしたい映画です。

森崎ウィンが映画を作るなら……？

『シェフ 三ツ星フードトラック始めました』のジョン・ファヴロー監督みたいに、製作も主演もやってみたいです。ジャンルはやっぱり思いっきりエンタメ！　アクションコメディとかミュージカル映画のようなポップなものにしたいですね。みんな現実の生活っていろいろ大変じゃないですか。だから、シリアスで重めのストーリーとかじゃなくて、とにかく元気になってもらえるような、華やかでワクワクできる映画にしたいです。

Win's Future?

30歳は男性にとってちょっと特別な節目。
大人への扉を開く、誕生日前に大人気の占い師
「西新宿の母」にこの先の未来を鑑定してもらいました!

西新宿の母

しんじょまさこ
真如雅子

新宿西口で行列を作り続けた伝説の占い師。やさしくあたたかな対応から「西新宿の母」と呼ばれ親しまれている。特に四柱推命はその細密さから定評がある。

あなたの未来について占わせてもらいますね。

真如　じゃあ今日はこれからあなたの未来について占わせてもらいますね。

ウィン　はい!　よろしくお願いします。

真如　まずはじめに生年月日を聞かせてもらえます?

ウィン　1990年8月20日です。朝の7時ぴったりに生まれたと聞いています。

真如　そう。ちょっと待ってね(と、表に何やら書き込んでいく)

ウィン　(それを見て)全然わからない……。

真如　わからなくていいのよ。あなたにわかられたら私の商売あがったりよ(笑)

ウィン　あ、そっか(笑)。

真如　あら。あなた、結婚するとき大変ね。

ウィン　え?　何かヤバいんですか?

真如　ううん。結婚自体はね、してもいいのよ。ただ……。

ウィン　ただ……?(ドキッ)

真如　相手の女性、つまり奥様に何か害が出るわね。たとえば病気をしたりとか。

ウィン　えー!

真如　あなた自身は特に問題ないの。ただ、あなたと結婚するお相手はたまったもんじゃないわね(笑)。

ウィン　そうなんですか……(ショック)。

真如　あと、どうやらあなたは学生時代よりも社会に出てからの方が学ぶことが多くなったみたいね。

というか、もともと無精なところがあるんじゃないかしら?　それが社会に出ることで学習せざるを得なくなったという方が正しいわね。

ウィン　すごい!　当たってる!

真如　もともと頭は良いし、意地が強いから、自分の意見を通すためにも、うんうんと唸りながら勉強をしているところなんじゃない?

世界に出ていくといいわ。

「海外流出線」とは生命線の末端近くから出る線のこと。この線があると海外でのお仕事に縁があるのだとか。

「四柱推命」では、陰陽五行説をもとにその人の産まれた生年月日時から性格や運命を占います。

はい！よろしくお願いします。

ウィン　おっしゃる通りです（笑）。今、英語を勉強しているところで。

真如　いいじゃない。手相を見たところ海外流出線がくっきりしているのね。こういう方は国境を超えてグローバルに活躍されるの。だから、どんどん英語を勉強して、世界に出ていくといいわ。

ウィン　本当ですか！　うれしい！

真如　語学力に関しては、あなたの運勢を決める上でも特に重要なポイントと出てるわ。

ウィン　なるほど。しっかり勉強します！

2022年に災いの星！ トラブルには気をつけて

真如　あなた、きっと今年何か転機となる出来事があったんじゃない？

ウィン　（ドキッとして）ありました！

真如　仕事や生活の面で何か新しいことを始めりとか？

ウィン　すげえ、当たってる！　実は今年の3月に長年やっていたグループが解散になりまして。8月にソロデビューすることになったんです。

真如　おめでとう。今年来年の運気はいいから、この流れに乗っていくといいと思うわ。

ウィン　あ、あと生活の面でも新しく料理を始めて。今まで調理器具とか一切持ってなかったんですけど、ステイホームの間に自炊を始めてみたりして。

真如　とてもいいことね。今年新しく始めたことの結果が出るのは2年後。2年後までしっかり頑張ってください。ただ……。

何か転機となる出来事があったんじゃない？

すげえ、当たってる！

真如先生の切れ味鋭いトークに大爆笑。「今年から何か新しいことを始めたんじゃない？」と言い当てられ、思わず大興奮。真如先生、さすがの的中率です……！

少し慎重になった方がいいわ。

マネージャーに言っておきます（笑）。

ルになることがあるから少し慎重になった方がいいわ。

ウィン　マネージャーに言っておきます（笑）。

真如　ただそれぐらいなもので、運気が悪いところは他はありません。せっかくだから脅してやろうと思ったのに残念（笑）。

ウィン　よかったー！

恋愛運は今年はダメ
来年まで我慢しなさい（笑）

真如　あとはそうね、金運に関しては37歳から上がるようね。今、おいくつ？

ウィン　今年で30歳です。

真如　あら、お若く見えるわね。じゃああと7年後ね。いいんじゃない？　年をとってから金運が回り出すっていうのは、それまでの間にしっかり実力をつけた証拠。だから焦らず、今の自分を信じていれば大丈夫よ。

ウィン　わかりました。

真如　健康運もおおむね良いわ。

ウィン　よかった〜。

真如　ただ気をつけるとしたら、胃腸ね。

ウィン　何か出ているんですか？

真如　そうね。それを避けるためにも、何か異変を感じたら早めに病院に行くこと。

ウィン　気をつけます！

真如　あとはいちばん気になる恋愛運ね。

ウィン　僕、どういう人が合います？

真如　四柱推命では相手の誕生日がわかると相性がわかるのね。だから、今の段階では相性というのはわからないんだけど、あなたのことに関してだけ言えば、若いうちは可愛くて楽しい子が好きだったんじゃない？　それが今はもっとしっかりとしていて尊敬ができる人を好むようになってきたんじゃないかしら？

ウィン　ただ……？（再びドキッ）

真如　あなた、2022年に争いの星が出ているわね。

ウィン　争いの星、ですか？

真如　そう。争いの星が出ている人は、何か怪我をしたり、トラブルに巻き込まれやすいの。今やっているこの四柱推命というのは、2月4日が1年の始まりなのね。だから2022年の2月3日までは大丈夫。でも2月4日以降は気をつけて。まず大きいものを買うのは避けた方がいいわね。

ウィン　大きいもの？

真如　たとえば車とかね。それから移動にも注意。車に乗るときは後ろに乗った方が安全ね。

ウィン　そうなんだ。覚えておきます！

真如　あとは儲け話を持ってくる人にも気をつけて。これはおいしいと思って乗っかったら騙されて失敗します。

ウィン　お仕事のお話とかもですか？

真如　そうね。2月3日までに決まっているお仕事は大丈夫。ただ2月4日以降にもらうお話はトラブ

NISHI SHINJUKU NO HAHA

せっかくだから脅してやろうと思ったのに残念（笑）。

ウィン　そうですね。年々好みは変わってきた気がします。僕って、もう運命の相手と出会っていたりするんでしょうか?

真如　……去年、ちょっと感じがいいなと思う人と出会っていたんじゃないかしら?

ウィン　去年ですか……?

真如　そう。ただし、もしそんな人がいても今年はダメ。今年その人と付き合っても別れるわ。

ウィン　えー!(笑)

真如　動くとしても来年ね。来年は女性運がいいから。もし何かあったとしても来年までは我慢した方がいいんじゃない?

ウィン　だ、誰かいるのかな……?　とりあえずわかりました!(笑)

せるのが得意。きっとあなたにも、あなたを立てているように見せながら、実は自分の意見を通していることがあるんじゃない?(笑)

ウィン　あるかもしれない(笑)。僕との相性はどうですか?

真如　相性は……普通ね。

ウィン　普通!(手を叩いて爆笑)

真如　男女関係じゃないならいいんじゃない?　もし男と女だったら合わないわ(キッパリ)。

ウィン　マネージャーで良かったです(笑)。

だ、誰かいるのかな……?

とりあえずわかりました!(笑)

WIN MORISAKI

マネージャーさんとは
男と女なら相性最悪よ(笑)

/\/\/\/\/\/\/\/\/\/\

真如　他に何か占ってほしいことはある?

ウィン　そうですね。あ、僕以外の人のことを占ってもらうことってできます?

真如　できるわよ。誰を占えばいいの?

ウィン　マネージャーの澤井さんを……(笑)。

真如　わかったわ。(と、生年月日を確認して占いを始める)この方は、結構オシャレ好きね。普段からオシャレをしていないように見せて、意外と気を遣っているんじゃない?

ウィン　気を遣っていますね。たまに褒めると、嬉しそうにポイントを言ってくるんですよ。今日はこの靴に合わせようと思って、全身黒にしてみたとか(笑)。

真如　そして人のお世話をするのが好きね。それも、相手を立てながら、自分の考えた方法をやら

占いを終えて。

最初に「結婚するとき大変ね」って言われた時点で、マジかー!ってなりました(笑)。たぶん僕、結婚できないんじゃないかな。それならそれでね、運命を受け入れようと思いますけど。あとは、2022年に運気が悪いっていうのがすごく気になりました。怪我は怖いですよね。やっぱりこの仕事は体が資本だから気をつけないと。今年来年の運勢はいいみたいなので、この2年のうちに頑張ります!

100 Questions

知れば知るほど広がる、気になる
"ウィンワールド"。細か〜い100のQ&Aで
彼の脳内をほぼ把握できるかも!?

生活編 *Life Style*

01 起きて最初にすることは?
テレビをつける。
最近は NHK のニュースを観て、世の中の動きをチェックしています。

02 歯磨き粉は何を使ってる?
クリニカの
ホワイトニングハミガキ。

03 シャンプー&コンディショナーは何を使ってる?
ALLNA ORGANIC。

04 ボディソープは何を使ってる?

ニベア ◎

06 体はどこから洗う?
左腕から。
もうルーティンになっていて。
違うところから洗うと違和感があります。

07 バスタオルはどれくらいの頻度で替える?
2日に1回!

05 入浴時間はどれくらい?
10分くらい。
シャワーのみです。

08 スーパーでつい買ってしまうものは?
無駄にいろいろ買っちゃうんですよね〜。
特に小松菜とチンゲンサイ
は家にあっても買っちゃう。
小松菜は毎回2袋買います。

09 お財布は何を使ってる?
バレンシアガ のミニ財布。

10 お財布の中に今いくら入っている?
超少ないです。6000円くらい。

11 今までで財布を落とした回数は?
1回も**落としたことがない**んですよ。
一瞬なくすことはあるんだけど、
最終的には必ず自分で見つけてるので。

12 ポイントはよくためる派?
まったくためない。

13 部屋の掃除はどれくらいの頻度でやる?
気づいたとき。毎日やるときもあれ
ば、やらないときは全然やらない。

14
家事の失敗談って何かある?
赤ワイン煮をつくろうと思って、油が残った
まま赤ワインをぶち込んだんですよ。そしたら
赤ワインが**爆発**して、キッチンが一面
真っ赤になりました。あれはヤバかったですね……。

15 夏はエアコン派? 扇風機派?
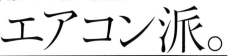
エアコン派。

16 寝る直前にすることは?
YouTubeを観る。
最近は**サンドウィッチマン**さんの
公式動画にハマってます。

17 すぐ眠れるタイプ? 眠れないときはどうする?
日によるな〜。全然眠れないときは、
思い切ってゲームをしたりします。

18 スマホの待ち受け何にしてる?

地球儀。

19 よく使うアプリは?

『**DELISH KITCHEN**』という
レシピアプリはよく料理をつくるときに使います。
あと『**Ultimate Guitar:Chords &
Tabs**』っていうギターのコードがわかる有料の
アプリも。

20 カメラロール、いちばん新しい写真・動画は?

今日食べた **スパムバーガー!**

21 カメラロール、いちばん古い写真・動画は?

2017年に加藤くんとタイに行った
ときの動画です。ソムタムを食べている
ところですね。**なつかしいな〜!**

22 よく使うLINEスタンプは?

ブス高飛車女2。
変なスタンプがほしくて調べてた
ら、これを見つけて。顔のインパクトがすごくて買いました。スタンプは可愛いのより、気持ち悪いやつの方が好きです(笑)。

24 LINEグループは
いくつ入っている?

25。

23 LINEの友達何人いる?

770人。

25 LINEのアイコンは何にしてる?

ミャンマーで飛行機に乗ろうと
しているところの写真です。

26 最新の発信履歴は誰?

マネージャーの
澤井パクチーさん。

2番目は
おのPで、

3番目は
おばあちゃんです。

---

27 好きなファッションブランドは?

MR. OLIVE。

ちょっと高いんですけど、大人っぽい感じが好きです。

28 最近のお気に入りアイテムは?

ちょっと浅めのキャップなん
ですけど、よく使ってます。

帽子。

29 最近ハマっている漫画・アニメは?

『天晴爛漫!』

30 憧れている漫画・アニメのキャラクターは?

『Re: ゼロから始める異世界生活』の
ナツキ・スバル。

31 漫画・アニメのキャラクターでいちばん好きな女の子は?

『STEINS;GATE』の椎名まゆり。
萌え系なんですけど、可愛いし、

性格がヤバい!

32 今日は何を聴いてきた?

自分のデビュー曲を
朝聴いてきました。

34 歌手の中で誰の声がいちばん好き?

ブルーノ・マーズ。

俺の好みですけど、彼を超える声はないです。
あ、でも、最近だとさかいゆうさんの声も好きです。
声が高くて、歌声がオシャレなんですよね。

33 勝負ソングは何?

場合によって変わるけど、
アップ系の曲が多いかな。最近なら
The Aces の『Lost Angeles』とか。

Q.01＿34

Soccer

35 最近サッカーしてる？

してないんですよ。
代わりにゲームでやってます（笑）。

36 好きな選手は？

超王道ですけど、
元ブラジル代表の
あの中盤を支配している
感じがカッコいい！

カカ。

37 応援しているチームは？

特にない んですけど、どちらかというと強豪よりも弱い
チームの方を応援したくなるんですよね。スペ
インリーグの2部リーグにいたようなチームが1部リーグに上がって、
いい順位に入ったっていうニュースを聞くとテンションが上がります。

38 自分が選手として
プレイしていた頃の
忘れられない試合は？

中学 の最後の試合

ですね。そこで初めて点を決めたんですよ。
しかも2点も。あのときの興奮は
今でも忘れられないです。

39 今までで観戦してきた中でいちばん熱かった試合は？

2006FIFA ワールドカップの

日本 VS ブラジル戦。

あのブラジルを相手に日本が先制点を決めたんですよ。すごいですよね。
そこから何とかその点差を守ろうとするんですけど、後半どんどんブラジルが追い上げてきて。
ブラジルの本気出した感じもカッコよかったですし、あの試合は本当熱かったです。

Food

40 好きなコンビニスイーツは？

中にバナナが
入ったクレープ。

あと、ハーゲンダッツのクリスピーサンドの
キャラメル味が好きです。ちょっと高いん
ですけど、自分へのご褒美としてたまに買います。

41 好きなスタバのドリンクは？

ソイ ホワイト モカで、
キャラメルソース 乗せ。

42 好きなお寿司のネタは？

えんがわ。

43 ラーメンの味は何が好き？

塩 ラーメン。

44 サラダには何をかける？

ドレッシング。 この間、自分で
つくったんですよ。

鶏のもも肉にお酒と生姜とネギをかけて
レンジで蒸して、余った煮汁を醤油とみりんと
食べるラー油で混ぜてドレッシングにしました。
めっちゃおいしかったです！

45 ひとり外食、
どこまでできる？

ひとり焼肉

はやってみたいんですけど、
まだ恥じらいがあってできないな〜。
近所の中華料理屋さんで、ビールを
1杯引っかけるまでが限界です。

46 居酒屋に行ったらよく頼むものは？

チャンジャ。

47 今まで食べた中でいちばんおいしいと思ったものは？

ミャンマー料理に、 ラペット というサラダがあるんですけど、
それは死ぬほど好きです。ラペットとごはんを混ぜて、
それに目玉焼きを乗せて、唐辛子をちぎりながら食べたら最高です。

48 冷蔵庫に
常備しているものは？

卵
と 低脂肪乳。

49 死ぬ前に食べたい
最後のひと皿は？

焼肉とチャーハン。 ひと皿じゃない（笑）。

50 好きな街は？

≡ **タイのパタヤ。**

バカンスっていう感じの街で、時間を気にせず過ごせます。

51 行ったことないけど、
いつか行ってみたい街は？

━ **バリ。**

52 旅先で起きた印象的なトラブルは？

ベルリンに行ったとき、
ロストバゲージ に遭ったんですよ。
俺の荷物だけひと便遅れたみたいで、中に衣装とか
全部入ってたんで、さすがに焦りました。

53 ひとり旅したことある？

ないんですよ。だから行ってみたいです。
行くなら最初は国内がいいかな。

沖縄 か **北海道** に行きたいです。

57 ガパリビーチ。

ミャンマーのオススメポイント教えて！

最高のビーチです。

54 友達と旅行に行くなら、どこへ行く？

▲ **カンボジア。**

55 新婚旅行、どこへ行く？

ミャンマーと、相手の故郷というか、ルーツを
知ることができる街に行きたいです。

56 おじいちゃんになったら、どこで暮らしたい？

田舎ならどこでも。島とかいいなと思っていて。
仕事をする用に都心に家を借りつつ、それ以外のときは別荘を買ってのんびり過ごしたいです。

58 テレビに出るとき、オンエアは
リアルタイムでチェックする？

観ない です。エゴサはしても、オンエア
は観ない。歌ものだったら観る
かもしれないぐらいで。映画の場合は試写のとき
に観ますけど。ドラマは完パケが送られてきても、
ほとんど観ないです。

59 会えて嬉しかった芸能人・有名人は？

**スティーヴン・
スピルバーグ監督。**

あと、**黒柳徹子**さん。『世界ふしぎ発見！』に
出させてもらったとき、ご挨拶させていただいて、
すごい感動しました。いつか『徹子の部屋』に出たいです。

60 今まで演じてきた中でいちばん自分に近いと感じた役は？

『本気のしるし』の **辻一路。**

前半のチャラチャラした感じは共感できないんですけど、
後半のどよんとした感じは普段の自分に重なるものを感じます。

61 今まで演じてきた中でいちばん自分に遠いと感じた役は？

『蜜蜂と遠雷』の **マサル。**

めちゃくちゃ遠くて、自分でも落ち着かない感じがします（笑）。

62 いつかもう一度
共演してみたい人は？

タイ・シェリダンと、
仲野太賀。

63 今いちばん磨きたいスキルは？

芝居と歌。

あと **筋肉** をつけたいです。

64 番組の企画でやってみたいことは？

『世界ふしぎ発見！』の
ミステリーハンター
をやってみたい。で、エジプトに行ってみたいです。

65 どんなタイプの人と友達になることが多い？

一風変わった、**一癖も二癖** もある人が多いです。

なんか引き寄せられるんですよね。話していて面白いし。

66 友達といるときはどんな
ポジションにまわることが多い？

ボケ。

でも加藤といるときはツッコミです。

67 友達と遊びに行くとしたら、何をすることが多い？

最近は **お酒を飲む** ことが多いですね。

飲みだすと長くて。最長記録で夜の7時から
次の日の正午まで飲んでいたことがあります。

68 友達がいてくれてよかったと思うのはどんなとき？

**自分が悩んでいるときに話を聞いてくれ
たりすると、ひとりじゃないんだって思えますよね。**

Q.35＿68

69 恋をしたときに聴きたくなる曲は?

『はじめてのチュウ』。

71 ドライブデート、どこに連れて行ってくれる?

お気に入りの公園があって、よく芝生に寝転がって本を読んだりしてるんですよ。そこに連れて行って **プチピクニック** がしたいです。

72 つい目が奪われる女性の仕草は?

振り返って目が合ったときの、「**あっ**」てなる瞬間が好きです。

73 恋心が一瞬で冷める瞬間は?

俺から冷めることってなかなかない。 相手が俺に興味を失ったら、俺ももういいやってなります。向こうが俺のこと好きじゃないのに、なんで俺だけ好きなの?ってなっちゃうんですよね。

74 彼氏がいる女の子を好きになった! どうする?

何もしない。 自分が、相手の彼氏の立場だったら嫌ですからね。

76 告白したら断られた! すぐ諦める? 何回でも粘る?

「**何回でも粘る。**」

中学のときに3年間ずっと好きな女の子がいて、年1で告ってました(笑)。結局全然振り向いてもらえなかったんですけど。そしたら卒業した後、俺がこの世界に入ったのを知っていきなり向こうから連絡が来ました。わかりやすいですよね。なので、そこはさらっと対応して終えたんですけど、ちょっと気持ちよかったです(笑)。

78 独占欲は強い方?

とても強いと思います。 俺が何か話しているときに、何か他のことをしてて、俺の話を全然聞いていないのとかダメなんですよね。ほっておかれたくないんです。その分、俺もたっぷり愛情を注ぐので、向こうにも愛情をいっぱい注いでほしいです。

81 彼女が他の男性芸能人のファン。あり? なし?

無理! 自分のことをいちばんでいてほしいので、追っかけとかはやめてほしい。お前の隣にスターがいるのに、って思っちゃいます(笑)。

自分のことをいちばんでいてほしい。

70 こんな恋がしたいという憧れのラブストーリーは?

相手はファンの女の子。よくライブ会場で目が合ったりしてる子で、その子と家の近くのコンビニでばったり会っちゃうんですよ。最初は「家近くなんですか?」って聞かれても、「友達の家に行くところで」って嘘つくんですけど。そこから何回か偶然会うようになって距離が近づいて。ある日、彼女がケータイだけ持ってて、Suicaで払おうとするんだけど、お金が足りなくて困っているところを、俺が代わりに払ってあげて。相手が「お礼をします」って言うから、俺が「じゃあ今度ここで会ったらコーヒーおごって」って答えるんです。それがきっかけで、ふたりで公園デートをしたり、読んでる本を紹介し合ったりしじいくうちに恋が始まるラブストーリー。どうですか?(笑)

75 親友の彼女を好きになったらどうする?

絶対身を引く! もし彼女の方から告ってきたら、彼氏がいるのにそういうことをするような子なんだって逆に冷めます。

77 付き合ったらパートナーのことをなんて呼ぶ?

 かな。あ、でもふたりだけの間の呼び名とかあったらいいですよね。

79 尽くしたい? 尽くされたい?

尽くしたいし尽くされたい。 どちらかに偏ってるとよくないと思うから。愛はギブアンドテイクです(笑)。

80 彼女ができたらオリジナルのラブソングをプレゼントする?

ちょっと厳しいかな〜(照)。 いや、実際曲は書けるし書くと思うんですけど、それをはっきり彼女のためだけの曲とは言わないと思うし、何か言われると恥ずかしいから、自分のことを書いてくれているのかなと気づいても、そこはそっとしておいてほしいです(笑)。

82 彼女が男友達とふたりでご飯に行った! 許せる?

事前に言ってくれたら平気です。でも、何も言わずに行くのはアウトかな。それって何かやましいことがある証拠だと思うので。

83 彼女が浮気をした！ 許せる？

体の関係まであったらもう**無理**です！

浮気するにしてもせめてバレないようにしてほしい。
墓場まで持っていってくれたらまだ許します。

84 彼女が知らずにかぼちゃ料理を出してきた！ 食べる？

死ぬ気で食べます。

で、食べ終わったあとに「ごめん。かぼちゃ
好きじゃないんだ」って伝えます（笑）。

85 喧嘩したあとの対処法は？

とことん話し合う。

彼女が感情的になったら、こっちで引くけど、ここだけ
は譲れないっていうところは引きたくないから。お互い
納得いくまでちゃんと気持ちを伝え合うかな。

86 彼女に「仕事と私、どっちが大切なの？」って
聞かれたらどうする？

それを言ってくる時点で無理かもしれない。
君を大事にするために仕事を大事にしてるん
だからって思います。

87 失恋したときの対処法は？

とことん傷つくしかないです。
そう簡単に切り替えられないですよね。

失恋はしんどいです。

88 別れた彼女とその後も友達に戻れる？

俺は無理かな。

友達に戻った経験がないんでわからないです
けど、しばらく経たないと無理かもしれない。

89 この人と「結婚したい」と思う瞬間は？

たとえばふたりでよく行く飲み屋があって、いつものよう
に飲みながら、ふっと自分たちがおじさんおばさんになっ
てもこうやって飲んでいるのかなってイメージが湧く瞬間と
いうか。そういうふとしたときに年をとった自分たちを想
像した瞬間、この先もずっとこの人と一緒に人生を生きて
いきたいなと思うのかもしれないです。

90 結婚式でかけたい曲は？

なんだろう。結婚式自体、やるかどうかあんまりわ
からないんですよね。どんちゃん騒ぎとか好きじゃ
ないので。とりあえず自分の曲はかけません（笑）。

91 いつか子どもが生まれたら、どんなパパになると思う？

超溺愛します！

その他

92 街中でひとりです。1時間、
時間があきました。何する？

カフェに行って**コーヒー**を飲みます。
で、**本**を読みます。
疲れていたら車の中で**寝ます**。

93 今いちばん会いたい人は？

弟
が20歳になったんで、一緒に酒を飲みたいです。

94 自分の体のなかで直したいところある？

お腹が出やすいんですよ。
だから直せるなら、そこを直したいです。

95 同性の人で好きな顔は？

<u>竹野内豊</u>さん。
<u>デヴィッド・コレンスウェット</u>さん。
<u>ジェレミー・レナー</u>さん。

ダンディな人を見るとカッコいいなと思います。

96 1日入れ替わるなら誰と入れ替わりたい？

ブルーノ・マーズになって、
めちゃくちゃ**歌**いたい！

97 いきなり100万円もらったら何に使う？

2台目の車の頭金にします（笑）。
それか、**バリ**の高級リゾートに泊まりたい！

98 ひとつだけ何でも叶うなら何をお願いする？

宇宙に行って、銀河系のさらに外に出て、
| 未 知 の 生 命 体 | に会ってみたいです。

99 余命あと1週間です。何をして過ごす？

自分が持っているものを
すべて寄付します。

100 芸能界に入っていなかったら何の仕事がしたい？

飛行機のパイロット。

で、いろんな国に行きたいです。

<u>Q.69__100</u>

Aming To Overseas
PLAYBACK

ぴあアプリで好評連載中のエッセイ『Aming To Overseas』のスペシャル濃縮版をお届け！
制作スタッフたちだけが知っている "裏の森崎ウィン" 情報も必見です。

Keyword is

Love

〜愛について〜

家族、友人、仕事仲間、ファンたち、
そして、理想の女性像etc.
愛する人たちについて語ります。

一緒にいるなら？ 理想の女性像を語ってみる

やっぱりポジティブ思考な人が好きですね。いつでも「ウィンなら大丈夫だよ」って言ってくれて、褒めてくれる人（笑）！ 僕は昔からタイプが本当に変わらなくって、自然体でサバサバしている人を好きになることが多いです。好きな人の前では、あんまりカッコつけたくないし自分らしくいたいので、お互い飾らずにいたいんですよね。自分も相手も好きにして、自由でいる関係が理想。お部屋で一緒にいるなら、作曲しているときとか台本を読んでいるときでも、後ろでガチャガチャ違うことやっていて欲しい。で、いいメロディーができたら「ちょっと聴いてみて〜」とか言えたりする距離感がいいな。

愛があるからこそ
しっかり言葉で伝える

家族や友人、恋人に対しても「何でもっとこうしてくれないの?」って思うことありませんか? 僕は正直ありました。前はこうだったのにって比較したり、自分が期待したような反応がなくてモヤモヤしたり。でもね、たくさん考えた上で出た結論があるんです。「相手にしてほしいことがあるならちゃんと言えばいい!」ってこと。ひとりで勝手にモヤモヤしてても、それってコミュニケーションじゃない。愛があるからこそ「こうしたい」「こうしてほしいな」って言っていかなくちゃいけないなって思うんです。

僕のことを好きになって
くれるという奇跡

僕が今こうしてこの場に「いる」のは、みなさんが僕を好きでいてくれているお陰で、僕が音楽やお芝居だったり、好きな仕事をできているのは、応援してくれる人がいるからこそ。たくさんの人の中から僕のことを選んでくれるのって、本当に奇跡のようにすごいことだなって、本当に毎日、瞬間瞬間に感じています。「こんな僕を好きになってくださって、本当にありがとうございます」。愛を込めて。

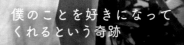

ここが 森崎ウィンの "モテポイント"

どんな人にも自然なスキンシップをとってるところがすごいなって思う。いつでも紳士で、全女性を女の子扱いできるのも神。
編集:藤坂

スタッフひとりひとりの名前を覚えて積極的に声をかけてくれるところ。いつでも周りにいる全員が楽しめるように心がけていて、そんな姿勢に女性はときめく!
フォトグラファー:高橋

無邪気なんだけどしっかり気が利く。そして普段から美声!
スタイリスト:添田

初対面のときからさりげなく名前を呼んでくれること。こういうさりげないことできる男はモテるわ〜ズルいわ〜!
ライター:横川

Keyword is

Personality

〜こんな生態です〜

自信満々に語ったり、落ち込んだり、
ポジティブだったり、ネガティブだったり、
いろんな顔を持つ"森崎ウィン"の生態をのぞき見！

Positive face

この人には勝てないって
思った瞬間ワクワクする

自分より圧倒的にすごい方と出会ったとき、ショックを受けたり、萎縮しちゃったりする人もいると思うんですけど、僕の場合は最高にワクワクします。特に仕事では、自分よりすごい方がいらっしゃる現場が大好き。「もっとうまくなろう」「もっと頑張らなきゃ」って気持ちで自分自身も進化し続けたいから、今はもっともっとすごい人たちと出会って一緒に仕事がしたいです。

こだわるところと
こだわらない所の差が激しい（笑）

家にいるときのこだわりがあって、玄関を綺麗にすることと、脱いだ服はそのまま散らかさないこと！　特に玄関を掃除していると良い"気"が入るらしいので、意識して常に美しい状態を保っています。逆にそれ以外は全部テキトー（笑）。ゴミはいつも出し忘れるし、洗濯物は溜めちゃうし……基本が面倒臭がりなので、細かいところは細かいんだけど、興味がないことに関しては全然気にしない。自分でもハッキリしている性格だなと思います。

こう見えても本当は
メンタルが弱いんです

「強そう」とか「前向きっぽいね」とかよく言われるんですが、実は全然そんなことなくて基本がマイナス思考。小さい頃はもっとチャランポランだったのに(笑)、仕事を始めてからこうなったような気がします。例えば撮影中でもなかなかOKが出ないと「僕のせいかな?」って思うし、周りの人が小声で話していたりするとすごい気になっちゃう……。でもそれって大事なものや、失敗したくないものが出来たからでもあるし、細かいことにも気付けるって意味では、いい方に作用することもあるって自分に言い聞かせてます。

実は、寂しがりやだったことに
最近気がつきました

今までは仕事がめちゃめちゃ忙しかったんで、寂しさを感じることってなかったんですよ。でも、新型コロナ禍でずっと家にいたら、気づいちゃったんです"寂しさ"に……! もう、ひたすら友達に電話をかけてまくってました。それで、改めて思ったんですよね、俺は人が好きなんだって。最近は、寂しいなと思ったら外に出ます。お散歩したり、近所のコンビニで店員さんに言う「袋、大丈夫です」をワントーン上げてみたりとかね。それだけでずっと気持ちが明るくなれるから。

Negative face

連載スタッフたちだけが知る | **森崎ウィンの知られざる生態**

柑橘系のあめが好きでいつも食べてる。
ヘアメイク:KEIKO

靴をはくときは、いつも右足から。
スタイリスト:添田

朝が弱め。早朝の撮影はローテンション(笑)。
フォトグラファー:高橋

お酒を飲むとさらにテンションが上がってめっちゃ笑う。(そこが可愛い)
ライター:横川

仕事中は基本ずっと敬語なのに、不意にタメ語になるときがあって可愛い。
編集:藤坂

Future

〜未来への決意〜

常に想像を超えて進化し続ける"森崎ウィン"のこれから。
そして、まだ見ぬ未来への熱い想いにフォーカスしました。

大事なのは、成功じゃなくて挑戦。
これからもさらに高いハードルを超えていく

何をするにも、「どうせやるなら絶対にハードルの高い方を選ぼう」って
決めてるんです。もちろん挑戦するからには、絶対に失敗したくはな
いですよ。でも失敗したくないからって、確実にできる方法ばかり選ん
でいたら、いつまでたっても成長できない。

大事なのは、成功することじゃなくて、挑戦すること。そして、その姿
をたくさんの人に見てもらうこと。もし仮に失敗したとしても、それは
それで「アイツ、失敗したな」って笑われたらいい。せっかくいただいた
貴重な機会なんだから、思い切り爪痕を残せばいい。だからこれか
らも、もっともっと高いハードルを目指して、そして超え続けていきます。

これからの連載のこと

連載タイトル『Aiming To Overseas』、これには「海外にもっと出たい！」という僕の想いと決意が込められています。すでに日本、ミャンマー、ハリウッドと活動をさせていただいていますが、もっともっとその幅を広げていきたい！　そして今後はそういう活動報告もどんどんできたらいいな。

連載を始めて気づいたのは、こうやって定期的に発信するのって自分と向き合うきっかけになるんですよね。「僕は今こんなことを考えている」とか「本当はもっとこうしたいんだな」とか、言葉にして気づく心の声を再認識しています。これからも"森崎ウィン"の想いやリアルを発信していくので、期待していてください。

連載スタッフたちが語る

これを／
森崎ウィンに させてみたい

写真も服もメイクも、アバンギャルドに攻めに攻めたウィンくんを見せたい。
スタイリスト：添田

一日店長：コミュ力を生かしてバーテンダーやウェイターに
コスプレ：森崎ウィン制服シリーズ（教師、パイロット、医師）
編集：藤坂

『Aiming To Overseas』のLIVE配信。読者のみなさんとウィンくんのやり取りを見たい！
フォトグラファー：高橋

ひとりカラオケで100点を出すまで帰れないなど体を張った企画。
ライター：横川

エッセイ『Aiming To Overseas』はぴあアプリにて好評連載中！

2019年5月スタート。俳優・アーティストとしてだけではなく、プライベートや、日々考えている思いを発信中。普段はわからない、森崎ウィンの内面をさらけ出していくことで、みなさんと一緒に新たな景色が見られたら……そんな意図を込めたエッセイです。

https://bit.ly/30rayPF

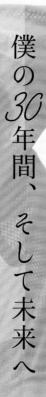

僕の30年間、そして未来へ──

Win Morisaki

INTERVIEW

挑戦と失敗を繰り返し、少しずつ階段を上ってきた。
そして、大きな希望を胸に30歳に──。
今の気持ちを丁寧に言葉にしたロングインタビュー。

本当に好きになると
独占欲は強いかも
────────────────────

──このロングインタビューでは、改めて森崎ウィンがどういう人間なのかを深掘りしていきたいと思います。最初に、ウィンくん自身が自分のパーソナリティを表す単語を3つチョイスするとしたら何を選びますか。
えっと……「負けず嫌い」、「熱しやすく冷めやすい」、あとは「コミュニケーション能力が高い」。
──では、まずは「負けず嫌い」の話から。自分自身で負けず嫌いだと自覚したのはいくつぐらいの

ときですか。
日本に来てからだと思います。ミャンマーにいた頃はやりたいことは何でもできて、ほしいものもほぼ買ってもらえたし、本当甘やかされて育ったんですけど。10歳でこっちに来て、両親と一緒に生活するようになってから、性格が変わったのかなと。うちの両親はすごく厳しいんですよ。よく母から「泣くな」って言われて。泣いたら余計に怒られるから一生懸命泣くのを我慢するようになって。そしたらいつの間にか人前であまり泣かない人間になったし。英語に関してもミャンマーにいた頃からおばあちゃんに教えてもらっていましたけど、本格的にしゃべれるようになった

のは、こっちに来てからで。母親がわりとスパルタだったから覚えられたんです。たぶんそれがなかったらちゃんと話せなかったと思う。

——それまでずっと離れて生活していたご両親と10歳でいきなり一緒に暮らすようになって。最初からうまく馴染めました？

いや、最初は距離があったと思います。すごく覚えているのが、俺、10歳で母親と風呂に入ったんですよ。たぶんお互いどうにか距離を縮めようと思ったんでしょうけど、あれは恥ずかしかったな〜（笑）。

——おばあちゃんのお話はよく聞くのですが、ご両親の話は新鮮ですね。

うちの家庭ってちょっと特殊なんですよね。たとえば料理をつくるのは親父の役目。だから、俺、おふくろの味って知らなくて。取材とかでそういう質問を受けたとき、俺、知らないやってちょっとショックだったりして。

——家族の役割は家庭それぞれで違いますよね。ご両親から特に影響を受けた面は何ですか。

やっぱり負けず嫌いなところだと思います。弱音なんか吐いちゃダメだ、物事から逃げるなというのが母の教え。ずっと「ここで逃げたら一生逃げることになるぞ」と言われて育ったので、今もその言葉がずっと俺の中に残ってるというか。そういうのもあって、負けず嫌いな自分が出来上がっていったんだと思います。

——自分が負けず嫌いだなと思うのは、どんなときですか。

昔、よく飲食店でバイトをしていたんですけど、俺が働くお店がどこも縦社会のところばっかりで。先輩が厳しくて、手際が悪いと蹴られたりとか。で、今でも覚えているのが、鉄板焼き屋さんで働いていたときにシェイカーを使ってお酒をつくらなくちゃいけなくて、そのやり方を教えてくださいって先輩にお願いしたんですね。そしたら、「まず氷を買ってこい」って言われて。もちろんあるんですよ、お店に氷が。でもその氷はお店がお客さんに出すために用意しているもので。これを使うということは、自分の練習のためにお前はお店の経費を無駄に使うことなんだって。だから、自腹を切ってでも学びたいなら教えてやるっていうのが先輩の言い分。それが悔しくて、買いに行きました、自腹でロックアイスを。

——えらい！

たぶんそう言われたときに、これだけしか時給をもらってないんだからおかしいだろって思う人もいるし、

その考えももっともではあるんですけど、俺はそういうとき、我慢比べじゃないですけど、そこまで言うなら俺もやってやるよって燃えるタイプ。変なプライドがあるというか。負けたくないって思っちゃうんですよね。

——次は、自分のことを「熱しやすく冷めやすい」と思うのはなぜかも聞かせてもらえますか。

その現場にいるときは他に何も見えないぐらいのめり込むんですけど、終わるとすぐにリセットされるんですよね。『ウエスト・サイド・ストーリー』（以下、『WSS』）のときも、一緒にいる時間が長い分、共演者のみんなとも一歩踏み込んで深い仲になれた感覚があったんですけど、みんなで一緒に楽しく飲んでいるときにふと思うんですよ、この中で舞台が終わったあとも会うのって何人いるんだろうって。すごい楽しいんですよ。でもどこかで会わなくなるんだろうなって冷めた考えをしている自分がいて。文化祭みたいな感じなんです。いいものをつくるためにみんなで全力で頑張って、終わったら「じゃあまた会える日まで」って気持ちが切り替わる。

——ある意味、芸能人向きな性格ですね。

ただね、本当に好きになると独占欲強いかも、俺。大ちゃん（清水大樹）とかまさにそうですけど。本当に好きな友達にはいつでも俺のことを優先してほしいって思っちゃう。（高校時代からの友達の）加藤もそのひとりですね。彼が彼女と別れたことを、俺より先に別の人に話してて。先に話した相手は別れた彼女との共通の友達だから仕方ないんですけど、それでも俺に先に言えよって思っちゃう（笑）。だから、すごいんです、独占欲が。

——好きな相手のためなら何でもできるタイプ？

それこそもし大ちゃんがお金に困って、俺に貸してほしいって頼んできて、俺に金がなかったらどこかで借りてでも貸します。でも距離のある人から100円貸してって言われても貸さない（笑）。好きな人のためなら何でも犠牲にできるタイプです。

——そこまで大切に思える人の数は少ないですか。

少ないと思うし、そうでありたい。知り合いも友達もまあまあいますけど、親友と呼べる人は本当少ないです。俺自身、みんなで六本木でワイワイするよりも、大樹と安めの中華料理屋さんとかで飯食いながらビール飲んでる方が好きだから。加藤と飯に行くときもラーメンとか、そんなんばっかで。たまに焼肉とか行っても、全然高級店じゃない、安い店で。そういうのが楽しいし、そういうことができる相手と一緒

にいられるのが楽でいいんです。

——あともうひとつ、「コミュニケーション能力が高い」を挙げた理由も教えてください。

殴り合いとか、あんまり好きじゃないんですけど、自分がほしいものは絶対手に入れないと気がすまない人間なんですよ。でもいくら自分の思い通りにしたくても、強引に通すだけじゃ人は動かない。じゃあどうすればいいのかと言うと、甘えてみたり、言い方を工夫してみたり。そうやって得たいものを得るためには手段を選ばないあたり、コミュニケーション能力が高いなと（笑）。あと、人の顔はすっごい見ます。

——人の顔？

リアクションですね。この人、今、気に入っていないなとか、これをほしがっているなとか、わかるんですよ。自分で言うのもアレなんですけど、繊細なんです（笑）。たとえば恋愛ものをやったときとか、相手役の女優さんに対してすごく気を遣います。恋愛ものって特に女優さんがいいと、いい作品になるので。なるべく女優さんが美しく見えるように、相手が気持ちよく芝居ができるように、こっちが合わせたりとか。やりづらいなと思っていたら絶対いい芝居にならないし、相手が乗ってくれば俺も自然と乗って、それが結果

的に作品のためにもなるかなって。

——でもそれって疲れませんか。

疲れます（笑）。でも別にプライベートで会う相手じゃないですからね。その現場の中だけでの付き合いだし、終われば特に会うわけでもないし。作品のためになるならって割り切れるようになってからは、そんなに疲れを感じなくなってきているかもしれないです。

自信はないけど
自分を信じる気持ちはある

——最初に負けず嫌いとおっしゃっていましたけど、他人に対してジェラシーは感じますか。

感じるかもしれないです。グループをやっていたときも、自分にないものを持っているメンバーのことはいいなーと思っていたし。ジェラシーって刺激になるからいいんですけどね。でもずっと近くにいる人にそれを感じるのはしんどいかもしれない。映画とかドラマの現場だと、全然勝てねえって思う相手に出会っても、3カ月とかで終わりだから。そのあとはいつかまた共演したときに今度は絶対超えてやるぞって気持ちをバネに努力すればいい。だから、すごい人と会

強引に通すだけじゃ
人は動かないから
言い方を工夫します

n

うことは大事だなと思うんですけど、でもその人がずっとそばにいるのはしんどいです。俺って何なんだろうってなっちゃうから。かと言って、リスペクトができない相手とも一緒にいたくないし。面倒臭いやつなんですよ、俺って（笑）。

——特にこの世界は他人と比較されることも多いから大変でしょうね。

まだこの仕事を始めたばかりの頃、ある学校のパンフレットで使う制服モデルのお仕事があって、2年連続で受けて2年連続で落ちたんですよ。しかも、そのあとのレッスンで一緒にオーディションを受けた子とばったり会って。その子から「俺、あのオーディション受かったよ」って聞かされて、自分が落ちたことを知ったんです。この子は一発で受かるのに、何で俺は2年も落ちるんだろうって、すごく悔しくて。他にもCMのオーディションで祈っているシーンがあったんですけど、そのとき、スタッフさんから「手荒れてるね。君はそのポーズやらなくていいよ」って言われたんですよ。それもすごくショックでした。

——オーディションって結果がはっきり出る世界だし、負けず嫌いだと特に落ちたときはメンタルが荒れそうですね。

荒れますね。今ふっと思い出したんですけど、まだ20代の前半ぐらいの頃にある人から「ウィンくんはこれからどうしたいの？」って聞かれて、「ハリウッドに行きたいです」って答えたら鼻で笑われたことがありました。

——え、ひどい。

ただ、その人にはその人の考えがあって。「そんな遠い夢ばかり追いかけるんじゃなくて、まずは目の前のことを頑張らなきゃダメだよ」っていうことを言ってくれて。確かにこの年齢になったらその考えは間違っていないと思うし、俺ももし弟が同じようなことを言ってきたら、まずは目の前のことを頑張れよって言うと思うんですけど、当時は相当カチンと来ましたね（笑）。まあ、結果、ハリウッドには行けましたけど（笑）。

——おそらくそういう悔しい感情ってウィンくんのこれまでの歩みを語る中ですごく大切なものだったんじゃないかなと思います。

そうですね。俺っていつもそのグループの中で2番とか3番なんですよ。サッカーをやっていた頃も、学校で俺よりうまいやつがいて。最初にPRIZMAXに入ったときも、1番は（黒川）ティムだったから、そこに対する悔しさはあったし。その分、センターにな

れたときは死ぬほど嬉しかった。でもまあ、自分で1番は似合わないなとも思うんですけどね。たぶん1番を獲っちゃったら、もういいやってなる気がする。自分より上に誰かいる方が燃えるんですよ。さっきほしいものは絶対手に入れないと気がすまないって言いましたけど、手に入れると冷めるんです。ゲームとかも買うまでは楽しいけど、ちょっとプレイしはじめて、何となく要領がつかめたら、どうでもよくなっちゃう。だから、負けず嫌いだし、熱しやすく冷めやすい。

——ウィンくんって自分に自信はある方ですか。

どうだろう。たとえば何に対してですか？

——わかりやすく見た目とか？

ないです。

——そうなんですね。いつもアカデミー賞の主演男優賞だったりアジアツアーだったり具体的な夢を公言しているから、それは自信があるからなのかなと思っていて。

自分に自信はないですけど、自分を信じる気持ちはあるんです。あとは自信がないのも、それが完全に悪いことではないと思っていて。自信がないってことは、常に不安と戦っているということだから。むしろそれがないときは必ず失敗しているんですよね。たとえばちょっとした取材とか大丈夫だろうって高をくくって何も準備せずに臨むと、何であいう言い方しちゃったんだろうって後悔することがあって。逆に大丈夫かな？って不安に駆られているときほど大きな失敗はしない。常に不安と戦っている方がうまくいくタイプなんです、きっと。

嫌われてもいいから
人を魅了する何かが必要

——ここからは近年のウィンくんについて聞いていきます。ウィンくんのキャリアを語る上で『レディ・プレイヤー1』（以下、『レディプレ』）はやはり欠かせないと思うのですが、『レディプレ』への出演を機にたくさんのメディアに注目されたあのときってどんな気持ちでしたか。

あんまり実感がなかったんですよね。現場で撮影をしているときから、すごい作品に関わっているんだっていう実感が正直なく、気づいたら終わっていて。それで、公開されて、日本のテレビとかに出させていただくようになって、そこから少しずつ実感が湧いてきたっていう感じで。自分の考え方も変わりはじめて。

周りからも顔つきが変わったねって言われたり。

——ウィンくん自身は、『レディプレ』を経て、自分の内面のどこが変わったと思いますか。

バラエティ番組にも出させてもらって、いろんな作品もやらせてもらって、その中ですごく感じたのは、出ているだけじゃダメなんだなっていうこと。呼んでもらったんだから、その場のことを第一に考えるのもひとつのスタイルではあると思うんですけど、サービス精神が旺盛なだけでもよくないのかなって。呼ぶ側だって企画とかを考えてタレントに依頼しているわけだから、呼ばれる側もちゃんとそこで何を見せたいのか、自分がどういうふうに見られたいのかを考えないと。別に僕のキャラクターは何も変わらないし、人柄なんて何もしなくてもにじみ出るものだけど、もう30になるんだし、ちゃんと自己プロデュース力を身につけることを考えなきゃなっていうのは、すごく感じたことです。

——ネームバリューが上がって、今までなかなか関わることさえできなかった人とお仕事ができる機会も増えたと思います。その経験から得たのは、やっぱり悔しさですか。それとも刺激ですか。

両方ありますけど、何より感じたのは反省ですね。『レディプレ』があったとき、僕の人生史上最高にいろんなところに出させてもらいましたけど、「森崎ウィンって誰?」「『レディプレ』の子でしょ」っていう人がどれだけ増えたかと言ったら全然いないんですよ。マネージャーは知っている人は知っているよって言ってくれますけど、俺自身は全然それを実感できていなくて。どこか突き抜けたっていう感じがなくて。それはきっと、まだ俺にたくさんの人を魅了するものがないから。今の俺はパッと見て「可愛い子だね」「いい子だね」で終わっちゃう。面白くないんですよ。それは自分で見ててもわかる。芝居でも歌でもそうだけど、もう1回見たくなる人って何か面白いものを持っているんですよね。何でも当たり障りなくやっていたら、ある程度好感は持ってもらえるんだろうけど、でもそれで終わる。もうすぐ30歳になろうとしている今、すごく思うのは、もっと嫌われてもいいのかなって。俺のアンチってたぶんそんなにいなくて。何かお仕事の情報解禁があったときに、森崎ウィンで検索してみたら、出てくるのは褒め言葉がほとんど。それはもちろんありがたいことなんですけど、じゃあそう言ってる人たちが俺の出ている作品を全部観ようと本気で思ってくれているのかと言ったら、そうとは限ら

「いい子だね」で
終わっていたら
面白くないんですよ

ない。

——ある意味嫌われるくらい強烈なものを持っている人になりたい、と。

その方が面白くないですか。そういう人にすごく憧れるんですよ。あえて嫌われにいく必要はないと思うんですけど。特に今回アーティストデビューをさせてもらって、（プロデューサーの）おのPと出会って感じたんですよ、自分を偽ったらダメだって。そんなのすぐ見抜かれますからね。わからないなら最初からわからないと言えばいい。この間もオススメの曲を2曲紹介してもらったんですけど、それを聴いて、「こっちの曲の方が好きです」って返事をしたんです。たぶんもっと前の俺だったら、おのPに好かれようとして両方好きだって答えていたと思う。でも、大事なことは森崎ウィンがどういう人間なのかをわかってもらうことだから。それなら変に嘘をついても意味ないなって思うようになりました。もちろん人間関係を築く上で、相手に好きになってもらうために気を遣うことは大事だけど、少なくとも今僕が一緒にやっているチームの相手とは、それは必要ないなって感じています。

——特にアーティストである以上、見せるのは自分自身。偽らないというのは大事かもしれないですね。

そうなんですよね。アーティストのファンって、その人の人生に惚れたりするじゃないですか。だから同じ曲でも、その人が歌うとまったく違ったものに聴こえる。今の俺にはそれが必要で、俺の歌を聴いて「森崎ウィンっぽいよね」と感じてもらえたら勝ち。俺だけが持つ味、俺にしかないものを見つけて、それをちゃんと世の中に浸透させていかなきゃなって、今はそんなことを考えています。

——そのためには、ウィンくん自身はもっとこれから何をやっていくべきだと思いますか。

勉強かなって思います。今まで知らないことが多すぎたから。勉強と言うと堅苦しいけど、まずは好奇心を持つこと。今まで忙しさを理由にして、興味はあるけど行動に移せなかったことが、コロナで時間ができたおかげで、だいぶできました。たとえば読書とか。Kindleを買って、ちょうどこの間、綾辻行人さんの『十角館の殺人』を読み終えたところ。本を1冊読み切ったのなんていつぶりだろうっていうぐらい久しぶりだったんですけど、面白かったです。インプットを増やすことは、自分を見つけることだから。好きなものが増えることで、それがまた自分の養分になるし、見える世界も変わってくる。そうやってい

つも自分で自分のことをリスペクトできる人でありたいです。

僕にとってのパートナーは
常に寄り添ってくれる存在

——『レディプレ』以降のお仕事で特に印象的だった作品や出会いと言えば何が浮かびますか。

『本気のしるし』の深田（晃司）監督との出会いは大きかったですね。深田さんは映画が本当に大好きで、撮影に入る前に映画鑑賞会をやったんですよ。この作品ではこういう画の撮り方をしたいと思いますって、いろんな作品を例に出しながら説明してくれて、そういうことをやる監督と今までお仕事をしたことがなかったから新鮮で、すごく記憶に残っています。深田さんは面白いし、人間として信頼ができる。いつか深田さんとは一緒にミャンマー映画を撮りましょうって約束をしています。

——深田監督から言われて嬉しかったことは何かありますか。

最終回のDVD副音声を収録しているときに、「ここの森崎さんすっごくいいんですよ」と言ってもらえたのが純粋に嬉しかったです。めちゃめちゃ暗いシーンでしたけど、「何でこんな表情を出せるんですか」って聞かれて。「たぶん中にあるものが近いんじゃないですかね」なんて話をしたんですけど。

——演じた辻一路のような空虚感が、ウィンくんの中にもあるんですか。

あるんだと思います。

——それこそ、笑顔を見せたくないような時期も。

ありましたよ。ずっと笑顔でいられる人ではないから。それを求められる瞬間もいっぱいあるし、応えはしますけど、疲れます。しょうがないです、人間ですから。一時期、俺、笑えなくなるのかなって怖くなるときもあって。常に元気で明るい人だって思わないでくれって気持ちはあります。たぶんファンのみんなは、そういう陰の部分も知ってくれていると思いますけど。

——『WSS』についても振り返らせてください。コロナ対策により途中で公演が中止になりました。

本番が終わってすぐに集められて、公演中止を聞かされて。もうその場で号泣しました。何の感情かわからないけど、我慢できなくて。周りにみんないたんですけど、涙が止まらなくて。たぶん本番が終わった直後で気持ちが高ぶっていたのもあったんでしょ

うね。自分の中で感情が爆発して、ずっと泣いていました。

——その経験から何かお仕事に対する考え方の面で変わったことはありますか。

当たり前のことなんてないんだなと思いましたね。もともと本番が始まったときからずっと、出来上がったものをただ毎回見せるんじゃなくて、1公演1公演何かチャレンジをしようと決めていて。人間ですから体調が悪い日もあったんですけど、そんなときでも何かつかまなきゃって気持ちでやっていました。だから、中止になったのは残念だったけど、いい意味で後悔はなかったんです。その上でいつ何が起きるかわからない、今やっていることが明日終わるかもしれないんだということを知って。これはコロナ禍を経験して強く思ったことなんですけど、すべての作品がその瞬間の俺を残しているんですよね。芸事ってやっぱり自分を映すもの。だから、ひとつひとつの仕事をもっと大事にやっていこうという気持ちは強くなった気がします。

——第43回日本アカデミー賞・新人俳優賞を受賞し、授賞式にも出席しました。授賞式ではどんな気持ちでしたか。

賞を獲れたことはもちろん嬉しかったんですけど、いざあの会場に行くとやっぱり悔しかったですね。自分と1歳しか年齢の変わらない松坂桃李くんが最優秀主演男優賞で、自分は新人俳優賞。年齢じゃないんだってことは頭でわかりながらも、この差は何なんだろうって悔しくなったり。それと同時にいつか今度は俺があそこに立つから待っていろよって気持ちも湧いて。そういうのも含めて、いい経験ができたので、俺に投票をしてくださった方たちに感謝しています。ただプレッシャーも増えましたけどね。ハリウッド俳優っていう肩書きに加えて、今度はアカデミー賞新人俳優賞。そうすると、どの現場に行っても「芝居できるよね?」って目で見られるから、いやいやちょっと待ってくれよって(笑)。

——お芝居について、できない、わからないって壁にぶつかる瞬間はありますか。

ありますよ。演技についてはほとんどわからないことだらけです。だから、実はコロナがこんなにも広がる前にワークショップにも行ってたんですよ。演技についてちゃんと学びたいなと思って。海外の俳優って、ちゃんと演技を専門的に学んでいるんですね。持って生まれた感性や感覚でやっているのは、日本だけ。俺もきちんとしたトレーニングを受けたことがないから、毎回、現場が変わるたびにゼロに戻っちゃう。それは何か違うなと思って、ちゃんとこのタイミングでゼロから演技を学び直したいと思ったんです。残念ながら緊急事態宣言が出てストップしちゃったんですけど、状況が落ち着いたらまたワークショップには通うつもりです。

——確かに30歳ってそういう裏打ちされたものがほしくなる年齢な気がします。ウィンくん自身は30歳という年齢をどうとらえていますか。

楽しみです。今、どんどん自分の考え方が変わっているから、これから30代を迎えてさらにどう変わっていくんだろうと思うと、すごく楽しみで。男は30からって言いますしね。もっとモテるのかなと思ったり(笑)。それこそ30なんでね、そろそろ彼女がほしいなとも思っています。

——このメモリアルブックのサブタイトルは「Partner」です。「パートナー」という言葉を聞いて、ウィンくんが思うことを教えてください。

まずパッて浮かんだのはマネージャーですね。マネージャーは、阿吽の呼吸で、何も言わずとも俺のことをわかってくれる人。すごく頼りにしている存在です。あとはマネージャーだけじゃなくて、その現場ごとに会うスタッフのみなさんも、作品をつくるための大事なパートナー。もちろんいつも応援してくれるファンのみなさんも、僕にとってはパートナーです。そう考えると、パートナーって常に寄り添ってくれる存在の

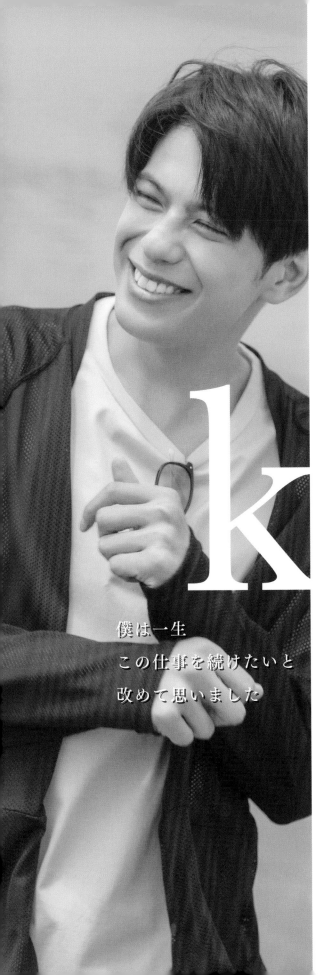

k

僕は一生
この仕事を続けたいと
改めて思いました

ことなのかも。常にそばにいてくれるからこそ、それ
を当たり前に思って、その大切さを見落としてしまう
瞬間もあるけど、パートナーという言葉を聞くと、実
はそうじゃないんだって思い返せるというか。そばに
いてくれる人がいることのありがたさをもう1回再確
認できる、そんな言葉ですね。

――では最後に、このメモリアルブックの制作を
通じて、ウィンくんがどんなことを感じたかを聞か
せてください。

こんな言い方はしたくないですけど、何年生きられる
かわからないのが人間。そんな中で、こんなふうに
自分が生きてきた証を形として残せることが本当に
嬉しくて。将来振り返ったときに、こんなことあった
よねとか、こんなに歌下手だったんだとか懐かしく
思うことも含めて、僕は今、森崎ウィンという人生の
アルバムをつくっている最中。そのアルバムの1ペー
ジがこの本であり、この1冊は僕にとっての人生の記
録です。森崎ウィンという人間がここに生きたんだよ
という証として残っていくものをつくっているんだなっ
て、こうやって話したり、撮影をしながらもずっと考
えていたし。面白いですよね、こんなふうに30歳に
なる瞬間の自分を撮ってもらえること自体が。僕の
30年間というものがこの144ページに集約されて、
記録として残せたことに感謝しています。こうやって
振り返ってみて、改めてこの仕事をやってきてよかっ
たと思っているし、いつまで続けられるかは誰にもわ
からないけど、僕は一生この仕事を続けたいと改め
て思いました。だから、この1冊が僕をずっと応援し
てきてくれた人たちにとっても人生の1ページになるよう
な大切なものになればいいなと思うし、これから年
齢を重ねていく僕を変わらずに応援してもらえたら本
当に嬉しいです。どうかこれからもよろしくお願いし
ます。

読んでくれて
　　ありがとう！！
この本と共に、ぼくは、
　　ずっと君のそばに
　　　　　いるから！！

うふふ

FASHION CREDIT

ア ボンタージ（ブリックレイヤー 03-5734-1098）

アンバー、タクタク、ヨーク（すべてスタジオ ファブワーク 03-6438-9575）

イキジ（イキジ 03-3634-6431）

イチエフ、ファクトタム（ともにファクトタム ラボ ストア 03-5428-3434）

イロコイ（イロコイ 03-3791-5033）

ウォッシュ（ウォッシュ 池袋パルコ店 03-5391-8105）

エフィレボル（ビント トウキョウ 03-6416-0634）

オムニゴッド（オムニゴッド代官山 03-5457-3625）

オールドジョー グローブスペックス オプティカル コー、グローブスペックス
（ともにグローブスペックス エージェント 03-5459-8326）

クイックシルバー（ボードライダーズジャパン 0120-32-9190）

恒眸作 × ポーカーフェイス（ポーカーフェイス池袋店 03-5391-8571）

コムノィ（ロストヒルズ 03-6809-5582）

ザ・ダファー・オブ・セントジョージ（ジョイックスコーポレーション 03-5213-2510）

サロモン（サロモン コールセンター 03-6631-0837）

スコッチ アンド ソーダ（スコッチ アンド ソーダ なんばパークス店 06-6585-7207）

ティーアンドシーサーフデザインズ（エフエムワインターナショナル株式会社 03-3461-0444）

ティーケータケオキクチ（ティーケータケオキクチ 03-6851-4604）

ナラティブ・プラトゥーン、ハーゴ（ともにロジェ 042-316-3525）

パントフォラ・ドーロ（カメイ・プロアクト株式会社 03-6450-1515）

フィット ミハラ ヤスヒロ（メゾン ミハラヤスヒロ 03-5770-3291）

フィンガー フォックス アンド シャツ（エフエフエーエス 03-6416-1332）

撫松庵（株式会社 新装大橋 03-3661-0843）

プーマ（プーマお客様サービス 0120-125-150）

ベンチ（リアルスタイル 0745-43-6355）

マスターキー（ティーニー ランチ 03-6812-9341）

マニュアル アルファベット（エムケースクエア 06-6534-1177）

マージン（マージン プレスルーム 03-5456-7283）

ユウイチ トヤマ（グローブスペックス ストア 03-5459-8377）

ユハ（ユハ 03-6659-9915）

ユースフル サーフ（株式会社サーティーイノベーション https://youthfulsurf.com/）

リプロダクション オブ ファウンド（アイ ファウンド 03-6434-7418）

レアセル（アドナスト ミュージアム 03-5428-2458）

LOCATION

葉山ホテル 音羽ノ森

THE HOUSE FARM

七里ガ浜ハウススタジオ

目黒ハウス

パリストリート

ヨコオスタジオ

STAFF

Photograph

高橋那月

（カバー、表紙、p1~55,p72~89、p102~105,p108~111,p126~144）

奥田耕平

（p56~71,p98~101,p116~119）

Styling

添田和宏

Hair & Makeup

KEIKO

Videograph

金子元気（pingset）

子笹竜馬（pingset）

内山亮（pingset）

Photograph Assistant & Videograph

鈴木隆之（shellworks）

Props

井上涼子

森万希子

PROPS NOW

Design

橘田浩志（attik）

奥田一平（attik）

Artist Management

澤井拓馬

（スターダストプロモーション）

柄本千晶

（スターダストプロモーション）

Writing

滝紀子

（p92~93,p102~115,p126~131）

横川良明

（p94~101,p116~125,p132~139）

Edit

藤坂美樹

Special Thanks

清水大樹

西新宿の母 真如雅子

【西新宿の母　占い鑑定事務所】

営業時間:13:00～　03-5325-0308

「メモリアルブックを見た」と言えば鑑定時間20分無料延長。

森崎ウィン

1990年8月20日生まれ。今夏アーティスト
「MORISAKI WIN」として世界進出を掲げメ
ジャーデビュー。俳優としても様々な映画、ド
ラマ、舞台に出演。
ミャンマーでは現地のテレビ局mntvで冠番組
『Win`s Shooow Time！』を持ち、様々な広
告に出演するなど大ブレイク。
スティーブン・スピルバーグ監督『レディ・プレ
イヤー1』のメインキャストであるダイトウ/トシロ
ウ役でハリウッドデビュー。
映画『蜜蜂と遠雷』で第43回日本アカデミー
賞の新人俳優賞を受賞。
また、今秋公開の主演を務めたメ〜テレ制作
の連続ドラマ『本気のしるし』の劇場版は第73
回カンヌ国際映画祭『Official Selection
2020』作品に選出された。

森崎ウィン
30th メモリアルブック
-*Partner*-

2020年8月25日　初版発行

発行人　木本敬巳
編集　望月展子／藤坂美樹
企画協力　岡 政人
デザイン　attik

発行・発売　ぴあ株式会社
〒150-0011
東京都渋谷区東1-2-20　渋谷ファーストタワー
編集　03-5774-5262
販売　03-5774-5248

印刷・製本　大日本印刷株式会社

『森崎ウィン 30th メモリアルブック － Partner －』
購入特典動画のご案内

https://vimeo.com/apppia/morisakiwin-pb
PASSWORD: mw-partner-pia

【注意事項】
●PC、スマートフォン、タブレット等で上記URLにアクセスし、ご視聴ください。
スマートフォン、タブレットでのアクセスには上記QRコードが便利です。
●本特典は『森崎ウィン 30thメモリアルブックーPartnerー』購入者特典として提供されているも
のです。SNS、メール等による、ご購入者以外の方への視聴URLとパスワードの共有はご遠慮
ください。また、特典動画のダウンロードや複製、動画共有サイト等へのアップロードは違法です。

【動画の動作不良などご相談はこちら】
ぴあ株式会社 編集企画推進部
TEL:03-5774-5265（土日祝日を除く10時〜18時）
※サポートは日本国内に限らせていただきます。